Impresso no Brasil, julho de 2014

Copyright © Daniel Dobbels 1978 por *Un certain creux dans l'espace marquera la place de l'absent*
© La Maison d'à côté 2006 por *Les mimes et l'histoire*
Título original: *Le Silence des Mimes Blancs*

Os direitos desta edição pertencem a
É Realizações Editora, Livraria e Distribuidora Ltda.
Caixa Postal 45321 – Cep 04010-970 – São Paulo SP
Telefax (5511) 5572-5363
e@erealizacoes.com.br / www.erealizacoes.com.br

Editor
Edson Manoel de Oliveira Filho

Gerente editorial
Sonnini Ruiz

Produção editorial
Liliana Cruz

Preparação
Lizete Mercadante Machado e Marcio Honorio de Godoy

Revisão
Danielle Mendes Sales

Capa e projeto gráfico
Mauricio Nisi Gonçalves | Estúdio É

Diagramação
André Cavalcante Gimenez | Estúdio É

Pré-impressão e impressão
Gráfica Vida & Consciência

Reservados todos os direitos desta obra.
Proibida toda e qualquer reprodução desta edição por qualquer meio ou forma, seja ela eletrônica ou mecânica, fotocópia, gravação ou qualquer outro meio de reprodução, sem permissão expressa do editor.

Daniel Dobbels

O SILÊNCIO DOS MIMOS BRANCOS

Os Mimos e a História
(A Arte dos Mimos na História dos Mimos)

Precedido por

UM CERTO VAZIO NO ESPAÇO
MARCARÁ O LUGAR DO AUSENTE

Tradução de Adriano Carvalho Araújo e Sousa

Realizações
Editora

Sumário

Prefácio | 7

Um Certo Vazio no Espaço Marcará o Lugar do Ausente | 9

OS MIMOS E A HISTÓRIA

(A Arte dos Mimos na História dos Mimos) | 21

"O mimo não existe, é um projeto" (E. Decroux) | 25

"Nada o substituirá, nem mesmo vagos raios. Mas um certo vazio no espaço marcará o lugar do ausente" | 31

Pode-se sonhar em ser mimo? | 35

Pierrô não tem direito às estátuas | 41

A inflexibilidade do espectro | 49

Abrigar-se, estabelecer-se | 55

Medo da violência do decreto | 71

A morte do mimo | 105

Morte-temporada | 119

Uma prolongada despersonalização | 121

Épierrer Pierrot | 123

Degolar o silêncio | 137

Prefácio

Um texto cujo assunto será o mimo só pode existir minando e mesmo ter aspecto de minar a saúde. Se ele tivesse um coração, este seria vazio e oval, e seu batimento, mais que irregular, seria submetido a ofuscantes síncopes que não permitiriam de modo algum voltar a si. O mimo é um tema ruim, ainda mais perturbador porque é indiferente ao Mal.

Datado, datando de vários anos, esse texto sofre por isso: falta-lhe a autoridade primordial, a referência precisa, a verdade de um percurso claro e distinto, a certeza de uma figura bem definida e bem tratada, o apoio de uma erudição sem falhas e, sobretudo, um corpo constituído que lhe teria insuflado seu ritmo, a modalidade de sua presença, um jogo de aparências lógico suscetível de desenhar e propor um plano de grande visibilidade.

De que estranha veia poética Pierrô é extraído? De quais fendas e fingimentos induzidos e talhados pela linguagem ele é o signo atrativo, o tronco paradoxal, visto que deixa apenas um lugar rarefeito para seus descendentes – e que estes não parecem herdar nada além da mortal assinatura em branco?

De Deburau a Barrault, de Decroux a Marceau, uma mesma veia poética, um tempo desdobrado (1931 – dois para criar a marcha imóvel): crianças exclusivas de um Paraíso surdo e mudo.

Cuja linguagem de signos não cessaria de desaparecer na superfície. Ou – hipótese pós-baudelairiana – cuja virtude e o verdor se atenuariam a partir do momento em que tocassem o Mundo, em que estivessem a ponto de vir ao mundo e de aí realizar o ato de nascimento e identidade.

Meia-noite imediata. "Nada mais, permanecia a respiração, fim de palavra e gestos unidos – respira a chama do ser, através da qual tudo havia sido. Ensaio..." (Mallarmé, *Igitur*).

Mimo: sem ensaio; tentativa fora de passo, fora de páginas e de margens. Injustificada, injustificável.

Mas o essencial, quase se extenuando nesse respiro infinitamente retido na frase mallarmeana, unindo um fim de palavra e um gesto, concretiza-se para além disso: nessa espécie de sopro segundo que, no decurso do século XX, não dará mais lugar a uma aparência de corpo em movimento; atormentado por espectros e assombrações, fixados por suas leis e suas esperas surdas, mas para um movimento de corpos tendo enfim acesso ao desembaraço do tempo – a uma duração sem endurecimento, sem durezas bruscas, sem lesões impalpáveis.

Desembaraçado, mas não desencadeado: firme em seu tirante, o corpo do mimo divaga o pé sancionado por seu peso de silêncio e de som; ele não se distancia jamais. Ele se lança, mas não se cansa.

Mas ele tem a presciência de que, sobre esse fim de palavra fechada em seu gesto, um outro corpo vem em sua direção por puro pressentimento (o inesperado, enfim), descruzando sua postura, jogando "na exterioridade, de nadas recíprocos, para deixar a essência, pontualmente unida, realizar o presente absoluto das coisas" (Mallarmé, *Igitur*).

Unido às outras horas, esse gesto conjugando um começo de palavra, soa como a hora da dança...

Um Certo Vazio no Espaço Marcará o Lugar do Ausente

A impaciência está para o tempo como a vertigem está para o espaço.
Schnitzler

INCESSANTEMENTE, NO DEMASIADO TARDE

Há mais de cinquenta anos, um homem trabalha. "Como se passasse a vida a construir o mimo." Decroux trabalha *sem descanso*: ele lê, escreve, ensina, detalhe por detalhe, continuamente. Agora, uma força de despertar ao mesmo nível das coisas, quando nada (ainda) decide sobre seus valores. Sobre um quadro de Rembrandt, durante um dos seus comentários com os quais ele faz prosseguir o trabalho de seus estudantes, Decroux diz: "O que se vê são cabeças. Elas são iluminadas de modo admirável, visto que se pressupõe uma luz para cada personagem. É impressionante. Há um charme de Rembrandt particular a Rembrandt, que não se tem em Rubens... É ele próprio.

Não há nada, mas há o segredo. Olhamos. É uma eternidade ver essas faces... Há outra coisa em Rembrandt, é o charme do afresco. (Personagens), sabe-se bem que tinham relações sociais, mas no afresco, nada. Nem sequer se precisa disso... Os senhores estão uns ao lado dos outros, isolados uns dos outros, cada um pensa em suas histórias e isso nos basta, é o afresco, vocês estão lá. É a humanidade que é assim. Como diz Victor Hugo em *La Retraite de Russie*: 'Cada um sentindo-se amadurecer em espessura'. Exatamente, para nos sentirmos vivos, estamos sós."

Desses cinquenta anos de trabalho, todos aqueles que não passaram pela escola a que Decroux, assistido por sua mulher, dava ânimo em Boulogne-sur-Seine, bulevar Édouard Vaillant, todos eles só têm, por assim dizer, *Paroles sur le Mime* [Palavras sobre o Mimo], livro atravessado de fulgurações, sobre o qual se apoiar caso se deseje acompanhar a intimidade desse movimento: "Quando eu digo que o mimo (o meu) faz o retrato do trabalho, é do movimento muscular que eu falo, não do tema tratado".

Tratava-se, para Decroux, de se manter ali, ao longo de uma vida inteira, entre "mimo e mimo", trabalhando em silêncio – e tomando a palavra, regularmente, medindo os avanços, sabendo retornar ao que elas deixam para trás de si. "Ora, o que é preciso é a dupla impressão do *déjà vu* e do que ainda não foi visto a propósito de uma mesma coisa" –, colocando toda a sua atenção de observador sobre esse retorno da novidade ao interior do mesmo: "Vejam, apesar disso, como eles têm um ar renovado...", o mimo é exatamente aquele que cede o passo perante o que não cessa de retornar de longe e renascer de suas cinzas.

"Começar é prometer uma continuação."
"Nada subsistirá aí, nem mesmo vagos raios. Mas um certo vazio no espaço marcará o lugar do ausente."

O arrependimento que se experimenta diante da raridade de publicações, de pesquisas e descobertas de Étienne Decroux, destaca-se precisamente aí. Nós pressentimos que esse trabalho faz justiça a todos esses fenômenos que se consideram pobres, mas cuja luz e modo de ser jamais são desviados do essencial. Nós adoraríamos evocar Bram van Velde, que falava sobre algumas de suas litografias:

"Não, ainda não é o verdadeiro trabalho. Isso me permitiu esperar. Não ceder ao cansaço... Raros são os artistas que aceitam não fazer exceto o que a vida lhes permite... Mas não, não é preciso acreditar que, porque aceita não ser nada, se torna um homem excepcional...".

Então, recordamos estas palavras de Decroux:

"E se os trabalhadores, desde antes de sua partida, tivessem sentido em si próprios um tal excedente de força que atacaram sua tarefa com desejo e, em seguida, seus movimentos ficaram próximos à dança, há pouca chance de que essa força excedente seja suficiente para completar a tarefa. Quando a referida força excedente é esgotada, restam ainda coisas a fazer e, portanto, mobilizam-se velhas forças adormecidas que são despertas aos pontapés."

Força cuja "natureza" Decroux precisa: "Como vocês podem saber se eu faço força? Vocês olham bem qual é o órgão que se move, vocês o veem? Vocês veem seu itinerário. Vocês poderão contradizer sua rapidez, mas... e a força? A força é como uma eletricidade que não se pode ver... Nós a adivinhamos, a deduzimos. Como? Provavelmente porque, quando um músculo faz um esforço, ele muda de forma. Os vazios são mais vazios, as protuberâncias mais protuberâncias... Não importa como, nós sabemos que a força se adivinha, não se vê."

Força incerta. Incerteza, a força: efeito. "Não se vê o céu mudar. Vê-se apenas que ele mudou. Sem sobressalto as nuvens se movem conservando seus intervalos, parece. Contudo, pouco a pouco, o belo desenho torna-se um outro desenho igualmente belo. O que ele se torna é apreciado sem que se esteja consciente..."

É impressionante em Decroux o traçado que termina por desenhar *o limite*, como as pedras de que fala Caillois, que são álgebra, vertigem e ordem, "lá onde em um canal azul torna-se mais visível e mais vulnerável um princípio vital".

"Deixe mostrar o princípio vital", diz com frequência Decroux. Deixe-o impregnar e depois fluir na massa vulnerável do corpo, esteja atento às ressonâncias de ressurgências e "cristalizações", poderíamos acrescentar, talvez.

"Não se tem o direito de percorrer o espaço em qualquer direção. Nesse espaço, é preciso fixar imaginariamente linhas consideradas ideais."

"É preciso conhecer o limite para, com arte, transpô-lo ou sucumbir antes de atingi-lo."

"A massa do corpo tem por missão-privilégio estar em estado: seja de se instalar no instável,

seja, caso se trate de uma parada curta em equilíbrio instável, de estar nele de tal modo que o público seja persuadido de que a assim chamada massa do corpo esteja em potência de se instalar no assim chamado equilíbrio."

Estar em potência de... todo esforço se concentra sobre este último fingimento, sobre essa bifurcação que não deveria nem um pouco "realizar-se em ângulo tão limpo que é claro que se fez expresso". Traços de que se pressente que ele dobra o mimo (o seu) com uma reserva (de sentido, de esperança, de leis e de aberturas) que só consente em deixar transparecer a forma de seu dom uma vez definida a trajetória. "A beleza contém a tristeza como uma rede de dormir contém um corpo. O que ela não consegue esquecer ou dissolver, ela o acalenta."

Justeza que consente à justiça, justiça de que se sabe, então, que não é mais expedita, mas um dos rostos do afresco, um dos dados do trabalho: uma das alternâncias do claro-escuro de Rembrandt, esta não força da dignidade primeira do *retrato* (que pede perfeitamente um quadro, e Decroux o constrói, mas que deixa trespassar um favor cuja natureza é de ser próximo desse mundo sem tornar--se totalmente um valor). Não é aí que se inscrevem as tramas do ofício? Nessa presença que não se representa, que o retrato amalgama e encadeia livremente. O segredo de Rembrandt, ao qual Decroux faz alusão, Genet o esclarece assim:

"Escreveu-se: 'Rembrandt, ao contrário de Hals, por exemplo, não era capaz de apreender a semelhança de seus modelos; dito de outro modo, de ver a diferença entre um homem e outro. Se ele não a percebia, seria talvez porque ela não existia? Ou por que ela seria um *trompe-l'oeil*? Esses retratos, com efeito, raramente nos deixam um traço de caráter do modelo: O HOMEM QUE ESTÁ AÍ NÃO É, *A PRIORI*, nem fraco nem preguiçoso, nem grande, nem pequeno, nem bom, nem mau: ele é capaz a todo instante de ser isso...'."

Não está aí o segredo que se diz do mimo Decroux? O retrato do trabalho e o direito ao mal-estar se apoiam sobre a gravidade, sobre o que o homem introduz na arte da desarmonia (síncopes, contratempos, *enjambements*, hesitação), mas também sobre a parte inalienável que repousa no propósito de cada um: "O homem menos rico possui uma reserva de esperança que pode aceitar apenas que seja transpassada". É aí que a falta se vê povoada – em segredo, e não por decreto. Análoga mas irredutível à generalização.

"A caminhada não é mais um acontecimento desde que as plantas se puseram a caminho para encontrar o ar que lhes faltava. Caminha-se um pouco como se respira, para encontrar o que falta."

Como não pensar que esse apelo silencioso, esse mudo pôr-se a caminho, esses afastamentos de animação não se fazem por medo de uma ameaça? Que eles não dão a medida do movimento de distanciamento necessário à vida? Como não pensar que a construção do mimo de Decroux visava a proporcionar a si as armas e os meios de uma técnica adequada para estrangular e manter a distância razoável a virtualidade dessa ameaça?

Uma passagem de *Paroles sur le Mime* nos indica, talvez, onde parece esboçar-se o pressentimento da natureza da infelicidade e angústia que o mimo (esse mimo) tomou por tema dos temas: "Acabamos de liberar para a mímica de nosso ator que fala de uma dupla técnica:
sobretudo o tronco em vez de braços e pernas
e, quando a atitude mudar, mudá-la em amálgama".
Assim, o texto nos chega sem que nada nos distraia.

> *Quoiqu'il ne pousse ni grand geste ni grand cri,*
> *Il ferait volontiers de la Terre un débris*
> *Et dans un bâillement avalerait le monde*
>
> (Baudelaire)[1]

"É a presença viva e por assim dizer imóvel iluminada pelo texto quanto às suas intenções que ameaça engolir o mundo: não é a boca. É ela também, esta presença, que transformaria a terra em ruínas: não são os braços."

Absoluto dessa ameaça que exige que se vá ao cerne da *presença*, isto é, ao cerne da massa vulnerável: ao tronco. Ameaça real, imediata,

---

[1] Embora ele não provoque nem grande gesto nem grande grito / Ele transformaria de bom grado a Terra em restos / E com um bocejo engoliria o mundo. (N.T.)

evidente: "Quer a massa do corpo caia sobre a parte de trás do crânio ou sobre os ombros... ela sofreria uma contusão maior que aquela que sofreria ao cair qualquer órgão, não importa qual, caso esse fosse o único a despencar". Mas da qual se vê perfeitamente que ela se percebe como duplo de uma desaparição em que o essencial, o precário, este modo de se instalar no instável está perdido de corpo e alma.

"Então, já falamos sobre isso, a primeira coisa a fazer é não machucar."

"É preciso estar bastante perto, mas não demasiado. É preciso estar bastante perto para que a pessoa não tenha necessidade de gritar quando ela lhe falar, que não precise se incomodar para apertar sua mão..."

Não machucar. Não matar. Não forçar.

O direito ao mal-estar e à massa vulnerável, à presença, à pobreza mantém e preserva o segredo, o acolhe por um tempo mais longo talvez que os enunciados de Grotowski durante os anos do *Teatro Pobre*. Segredo que, aos nossos olhos, se comprime e bate (como um aperto, como um batimento de coração) – se contrai no coração dessa massa vulnerável do corpo (Dínamo – Ritmo). Vulnerabilidade que não pode senão nos obsedar, de tal modo que o lugar e as condições em que se formula um direito elementar não devem ser esquecidos.

Um direito, não é isso que se dá como a língua dessa que é uma atividade fundamental?

"Considerado como não capital, o trabalho tem as seguintes características:

É própria do trabalho uma não objetividade concebida de modo negativo – mas, apesar disso, sempre objetiva: o não objetivo mesmo sob uma forma objetiva. Ele não é, portanto, nem matéria primeira nem instrumento de trabalho nem produto bruto: o trabalho está separado de todos os meios e matérias do trabalho e totalmente privado de sua objetividade. O trabalho vivo é, portanto, abstrato para elementos de sua própria realidade (ele é, por conseguinte, não valor); esse despojamento completo, essa privação de toda objetividade fazem com que o trabalho exista como pura subjetividade. O trabalho é a pobreza absoluta, não apenas porque não tem riqueza objetivada, mas porque ele é excluído dela. Em outros termos, o trabalho é não valor, ele é simplesmente valor de uso objetivo: sem um mediador, esta objetividade permanece ligada a uma pessoa que existe sem mediação, ela coincide diretamente com a pessoa do trabalhador" (Marx).

A riqueza do mimo? No que ele esboça o retrato do trabalho? Aquém de todo valor?

"O mimo produz apenas presenças que de modo algum constituem signos convencionais. E caso acontecesse de produzir tais signos, ele morreria aí..."

Esboçar o retrato do trabalho: não é o que define o conteúdo do aporte, da ruptura da *arte* de Decroux? A *Ronde de Nuit* [A Ronda Noturna] do mimo? Situar a redução de suas transformações?

"Eu prefiro, como um irmão inimigo, o ator que fala. É a mesma raça que nós, como o autor dramático, o romancista e o escultor. São pessoas que dizem a si mesmas: 'Isto está ruim. É preciso que isto mude'. No fundo são legisladores – como profetas. Eles não aceitam o fato consumado. Eles não dizem: 'O que você gostaria de fazer então?'. São pessoas que dizem: 'É preciso que isto mude!'. E eles se colocam em movimento para atravessar um túnel, e crê-se que eles estão mortos e enterrados, começa-se a ouvir um barulho do outro lado. Desculpe-me ter sido, talvez um pouco demais, passional."

Trabalho de toupeira. Ela, que atravessa todos os campos, força subterrânea e invisível que nós não trazemos à tona senão através de vazios e de protuberâncias que ela deixa em sua passagem. Ela, que trabalha entre a profundidade mais profunda e a superfície. Força íntima de sublevação e de abalos dos estratos mais baixos: a própria força das coisas.

"Permanecem pessoas que devem passar pelo exercício da espera..." (Tema de uma improvisação feita em 1º de fevereiro de 1974 na escola Decroux).

"Porque, mesmo em uma tragédia, tomem por exemplo as de Corneille, mesmo aí existem abalos que lembram a realidade que conhecemos..."

A "Velha toupeira" de Marx "cruza galerias em um sol decomposto e repugnante para o nariz delicado dos utópicos" (Bataille).

Ou, como diz Decroux: "Há tenazes no espaço".
A inspiração do trabalho, inspiração febril no trabalho. O tenaz aperta de novo, e o espaço está nu. O silêncio no túnel – essa convicção, para aqueles que não estão lá, da morte – dá somente a medida da verdade – o inigualável momento que só pertence a ele – do modo de ser mimo.

"O entorno material nos incita a frear ou bloquear a harmonia, a exiguidade da área de ação: parede próxima, objetos próximos, pessoas físicas por perto provocam o medo de nos ferirmos, de quebrar as coisas, de machucar outra pessoa: daí nossa tendência a reter o que possui tendência para sair."

Momento do "zero de contraste":

"Olha-se para você, está bem, mas não se consegue sempre o que se espera. O que você parece ter falhado ou omitido é o *zero de contraste*... Você fez uma coisa primária, você jogou assim. É preciso jogar em oblíquo, é aí que está o barulho... Seria preciso sobretudo que você escutasse. No período em que ainda não há o drama, há simplesmente uma anomalia."

O mimo de Decroux joga sobre e a partir desses pequenos intervalos que separam, por assim dizer, quase *invariavelmente*, o traço decisivo do traço faltoso:

"Para mensurar as exigências de que falei, é preciso saber sem esquecer que uma das 'honestidades' de nossa arte é que ela dá ao público o tempo de ver suas falhas. Porque se ela não se deter, ela vai lentamente e, se ela vai rapidamente, ela se detêm de imediato."

Exigência, próxima de uma ética, que resulta do tempo próprio para a ínfima variação de cada acontecimento vivo:

"Ao apenas olhar um homem sozinho, vemos somente de uma circunstância a outra, seu ar e suas maneiras mudam pouco: sentado e reservado no restaurante como em um escritório, no teatro como na escola, no enterro como nas núpcias."

Mas esse pouco não tem preço: ele difere no vazio da própria semelhança; ele acinzenta o quadro de uma multiplicidade e de imperceptíveis inebriamentos. Ele deixa atravessar a tonalidade ou o conteúdo das vertigens sofridas; contra aqueles, ou apesar daqueles, um equilíbrio é mantido: "a semelhança resiste à distância". E porque "o corpo já está aberto antes que se disponha a fazer obra com ele... corpo de homem, ele se condena a parecer com um corpo de homem, é preciso justamente que ele se contrafaça em seus movimentos".

Contrafação, involução, contraefetuação. O "realismo" de Decroux, a maneira que ele tem de se interessar pelo que acontece, pelo que é, de cruzar a anquilose, a paralisia, a divisão do trabalho, a condição do homem que pena – e de não partir de nada mais, esse "realismo" aí, esse materialismo aí não subentende uma moral tal como Deleuze diz a propósito de Joe Bousquet: "Não ser indigno do que nos acontece".

Moral do salto no mesmo lugar: quase nada mudou, mas tudo mudou:

"Meu apetite da morte", diz Joe Bousquet, "que era fraqueza de vontade, eu substituiria por um desejo de morrer que se tornaria a apoteose da vontade. Desse gosto por esse desejo, nada muda de certo modo, exceto uma mudança de vontade, uma espécie de *salto no mesmo lugar, de todo o corpo* que negocia sua vontade orgânica contra uma vontade espiritual, que deseja agora não exatamente o que acontece, *mas alguma coisa nisso que acontece...*: o Acontecimento... (seja) nisso que acontece o puro expresso que nos faz sinal e que nos aguarda...".

"Não há nada de pretensioso para dizer disso, porque, quando você passou a vida inteira fazendo a soma de pequenas descobertas cotidianas, você está um pouco longe daqueles que acabam de começar. Mas, mesmo assim, o pouco que eu veria aí me pareceria mais interessante que uma peça de teatro...

Por que o mimo corporal? Eu já disse um pouco por quê. Porque, finalmente, é o corpo quem deve pagar, é o corpo que conta, que participa do ensaio, que sofre. Quando eu vejo o corpo se vestir, é como se eu sentisse a humanidade se levantar..."

Esse texto foi inicialmente publicado no número 3 da revista *Empreintes*, 1978.

OS MIMOS E A HISTÓRIA

(A Arte dos
Mimos na
História
dos Mimos)

"Por que a desaparição de um grande mimo provoca sempre a desaparição da arte do mimo?" Tal é a questão que coloca Jean Dorcy, o autor de *À la Rencontre du Mime (Études sur Étienne Decroux, Jean-Louis Barrault et Marcel Marceau)* [Ao Reencontro do Mimo. Estudos sobre Étienne Decroux, Jean-Louis Barrault e Marcel Marceau]. Questão singular, única. Imagina-se que uma semelhante questão possa ser colocada depois da morte de um "grande" pintor? A pintura desapareceria com Rembrandt ou Cézanne? Questão insensata: como a morte de um homem provocaria a morte de uma arte?

No entanto, a morte de Gaspard Deburau, em 17 de junho de 1846, provoca, senão o desaparecimento, ao menos a lenta decomposição da pantomima, que a tradição apenas pôde protelar.

Ao entusiasmo de Gérard de Nerval, George Sand ou Théophile Gautier diante da arte de Deburau, pode-se, rapidamente, opor a desconfiança de Baudelaire. Nessa figura de Pierrô descoberta por Deburau, Baudelaire percebia uma presença inquietante, fantasmagórica e mortífera. Nota discordante, reveladora. Toda arte do século XIX, na França, foi assombrada por esse antagonismo: uma fascinação pela morbidade e, justa compensação, uma fascinação pela brancura virgem e inalterável, de um lado; o realismo e, seu avesso complementar, a caricatura, do outro lado. Sublimação ou derrisão: entre esses dois polos, Pierrô ocupa um lugar estranho, sem força, mas inesquecível. Entre Daumier ou Manet e Odilon Redon ou James Ensor, uma representação morre, extenua-se e se apaga: literalmente, o corpo do homem se evapora, pulveriza-se, na indiferença geral. O século XIX se encerra, nesse sentido, com a guerra de 1914-1918.

> "O mimo não
> existe, é um
> projeto"
> (E. Decroux)

O arquiteto ateniense Dédalo construiu para Minos, rei de Creta, o labirinto – o palácio dos machados duplos – a fim de aprisionar o Minotauro, filho monstruoso dos amores de Pasífae com um touro enviado ao rei pelo deus Poseidon. Dédalo foi assim o escultor que liberou o pé e o braço da massa escultural, cruzando no entalho do bloco o espaço para um movimento articulado. As consequências desse ato parecem ilimitadas. Em *Mênon*, Sócrates dirá dessas estátuas: "É que elas também, a menos que tenham sido ligadas, em segredo elas fogem e evadem-se, ao passo que, se fossem ligadas, permaneceriam no lugar".

Dédalo, o pai de Ícaro, conjuga em si duas faces opostas da arte de fazer: o dom de refugiar-se no mais secreto (e somente o fio de Ariadne pode conduzi-lo aí) e o dom do desapego soberano, isto é, do lance de dados de um gesto lançado no espaço. Fechar, abrir, esconder, revelar... Essas forças contrárias assombram o mesmo desejo de invenção cuja ligação a um objeto só poderá ser circunstancial. É a tensão que importa. Étienne Decroux faz frequentemente referência à escultura. À grega em particular, mas também à egípcia ou à escultura contemporânea (Rodin, Maillol, etc.). Esta referência é fundamental. Ela decide sobre a natureza do silêncio, da qual a arte do mimo fará seus experimentos. Silêncio de pedra, sobrecarregado e cheio. Silêncio envolvente, deitando-se e deslizando sobre os volumes para erodi-los lentamente. O ser deixa pressentir dois modos de seu redobramento: dureza interior sem vazio, um mundo desaparecendo e desaparecido – de evidente infinito.

O mimo de Decroux poderá tomar às vezes o nome de escultura móvel. Ele poderia retornar pacientemente em torno desse parentesco, porque um nó aí se desenha e não se trata apenas de desatá-lo, mas, ao contrário, talvez fosse necessário compreender como foi entrelaçado. Mas já se tornou possível perceber que o silêncio que as estátuas testemunham nos lugares ou nos museus é inversamente proporcional ao silêncio que desaba sobre os corpos de todos esses mimos que atravessaram a história sem deixar traços de sua passagem.

A escultura formula leis que valem para esse projeto que é o mimo. Em torno delas se condensam dois temas obsedantes: inércia e movimento, inanimado e animado, morte e vida... Tudo retorna em seguida na maneira com a qual se procede para tratar com eles. Para sair daí, Decroux responderá seguindo seu estilo: "A arte de não fazer gestos e a maneira de não fazê-los". Fiel, quanto a isso, a um dado primordial próprio dos mimos: a arte da situação paradoxal.

Decroux libera, por exemplo, o busto (a massa vulnerável do corpo) dos braços e do rosto – como se estes tivessem abusado da liberdade oferecida por Dédalo. Decroux insiste várias vezes sobre esse ponto em seu livro *Paroles sur le Mime*, estabelecendo mesmo uma hierarquia de órgãos: de início, o corpo, em seguida, braço e mãos, enfim, o rosto, operando assim um retorno dos valores de expressão cuja aflição é surda. Esta hierarquia é secundária diante do que ela deseja apreender: "[...] O corpo está tão desarmado, que músculos insuspeitáveis, porque adormecidos, despertam para dar sua investida nesse desequilíbrio, como fazem os glóbulos brancos quando novos micróbios são identificados".

A expressão é o sinal de um sofrimento e de um perigo, que só podem ser desvelados com um redobramento da vigilância. O busto nos aparece como um matagal de sofrimento que é preciso desembaraçar para daí extrair a alegria ou a dor mais pura. Estas repousam na parte mais indivisível do corpo, onde os músculos profundos, ignorados, sofrem violentos contragolpes (asfixias, contrações, bloqueios, intoxicações) de uma agitação demasiado grande da superfície. A anatomia profunda (músculos, ligamentos, articulações dorsais, etc.) segue variações ínfimas. O menor choque, o menor desacordo, quase imperceptível, provoca no equilíbrio corporal geral danos dramáticos. Ainda mais dramáticos porque suas origens passam despercebidas. A inexpressão aparente não é senão a via que mascara o trabalho secreto e incansável do corpo em luta para restabelecer os equilíbrios comprometidos ou rompidos. É nessa luta que o mimo encontra a arte de seu fazer.

Do sentido dessa luta, não há o que prejulgar. Trata-se simplesmente de revelar todos os mecanismos de sua indústria para, ao menos, afirmar seu direito à infelicidade – sua singular maneira de ser. "Se a arte esfria, altera, mutila, depois esquenta, faz cerâmica, enxerta, se ela transfigura o projeto e este se torna um mal, seria mesmo meu erro? O mimo seria o único a receber os golpes que todas as artes merecem?" A questão permanece colocada, de saber se a arte pode ter uma função moral, utilitária, terapêutica. Nada desautoriza a dar semelhante resposta. Mas a aproximação, ela própria, de condições adequadas para uma arte, obedece a um questionamento angustiado em que a moral, a utilidade, saúde do corpo ou doença do corpo formam uma tela e usam de astúcia com o projeto.

"Michelangelo, em pessoa, ia até as pedreiras e escolhia seu mármore... Acontecia frequentemente que um bloco de mármore, branco e exteriormente perfeito, revelava, uma vez talhado, seja pequenas rachaduras (como a fissura que atravessa o rosto e os ombros de *O Escravo Rebelde*), seja, o que era ainda pior, veias cinzas ou enegrecidas (como aquelas que tiram a graça das bochechas e da fronte de *A Madona de Bruges*, apesar disso, sem defeitos), provocando sem dúvida em Michelangelo um intenso desconforto..."

Como tratar um defeito? Como lutar contra a fissura que criou um abismo entre a força do desejo e sua realização? A estátua está presa na pedra, uma veia enegrecida pode assim estragar o acesso. O detalhe pode alcançar o extremo. Barrault lembra sempre esse fato a propósito de Decroux: no decurso de um espetáculo, este último perdia um equilíbrio. Decroux parava e recomeçava toda a variação a partir do início. Não se trata aí de um simples perfeccionismo, trata-se de sair a depuração de sua ganga e de traçar a linha mais justa: semelhante exatidão é primordial no sentido de que ela é vital. Ela determina a condição de uma sobrevivência...

É o caráter desguarnecido de um corpo exposto aos perigos, às quedas e às surpresas fatais que provoca a emoção, que "enleva", como diria Michelangelo. É ela que faz valer a pena dedicar toda uma vida para se unir ao movimento e definir-lhe as leis. É que o corpo, vivo, pés e punhos ligados (aquele do prisioneiro, por exemplo), representa, em último recurso, a figura sobre a qual se funda a história.

Quando ele se debate, quando ele procura repouso, quando ele sofre a violência de uma inércia ou caminhada forçada, ele inventa em segredo, dá uma resposta, encontra uma maneira de seguir mudo e trágico – uma ínfima, mas insuspeitável liberdade.

O mimo Decroux leva essencialmente em consideração esse passivo — que a história jamais consegue reduzir totalmente porque, como as estátuas de Dédalo, ele permanece no lugar e foge ao mesmo tempo.

Há mais de cinquenta anos, um homem trabalha sem descanso. Ele lê, escreve, ensina, compõe. Ele constrói esse projeto que é o mimo traço por traço, passo a passo. A raridade de publicações que poderiam logicamente fazer continuar e prolongar tal soma de esforços e de labor, de sonhos e de pensamentos, explica-se talvez pela discrição "de natureza" de que a arte do mimo parece ser a extremidade paradoxal. O mimo parece girar em torno de um ponto, um ponto-pivô de onde ele traça a linha. Mas é perceptível que o espaço que se estrutura em torno desse ponto não é estável. O ponto é enigmático, obscuro, e o espaço poroso, mutante, às vezes ofuscante. "Ele pereceu sobre a ponta de uma esponja", dizia o imperador Augusto sobre um drama que ele jamais escreveu até o fim. O mimo, ele próprio, fascinado pelo ponto, recua diante da porosidade — preferindo anular-se a ser aspirado. Tudo se passa como se, para o mimo de Decroux, houvesse um bom e um mau vazio, sem ter alternativa exceto retornar a um ou desaparecer em outro, de corpo e alma.

> "Nada o substituirá, nem mesmo vagos raios. Mas um certo vazio no espaço marcará o lugar do ausente"

Visto que tudo é destinado a desaparecer, que ao menos a desaparição sinalize a si própria. Entalhando o espaço com uma marca invisível, mas perceptível, que é preciso dizer desconcertante: porque nela toda existência pode se confundir com a imensidão de um tempo parado. Daí, talvez, a razão da pouca publicidade do trabalho de Étienne Decroux: uma desconfiança diante de uma difusão demasiado larga (o difuso) em que o "bem precioso", isto é, "a dupla impressão do *déjà vu* e do ainda não visto", ver-se-ia amputado de um de seus termos, correndo o risco assim de não ser visto de modo algum.

Eis o lugar onde Decroux procurou manter a especificidade do mimo, onde ele situa sua tarefa singular. Para abraçar essa posição "entre mimo e mimo" – semelhante ao foguista de *A América* de Kafka, que vê abrir-se diante dele uma passagem "que teria encurtado bastante seu caminho; infelizmente, estava bloqueado...".

O espaço não está tão obstruído a quem se oferece ao mimo. Ele está mesmo despojado de todo acessório, mais nu que a própria natureza. Mas "há tenazes invisíveis" nesse espaço, e toda liberdade ganha somente se paga ao preço de uma contração da qual nada garante que ele possa se desenredar. O mimo parece dever conhecer como destino não apreender do espaço exceto seu poder de retração. Ele vê reduzir seu entorno para esse pouco de coisas ao qual se liga uma existência. Sua área de ação é exígua: "Parede próxima, objetos próximos, pessoas físicas próximas, nos dão o medo de nos machucar, de quebrar coisas, de machucar alguém: daí nossa tendência a reter o que tem a tendência de sair..."; a área de ação determina uma via única, esconde-se nas ervas, apagando-se a cada passo, interditando o retorno e sem realizar senão uma aventura mínima, aquela da *saída*.

O que é uma saída? Quando muito, uma promessa. Uma inspiração puramente presente. Nada mais.

Um ensaio foi atravessado, mas nada permite conjecturar sobre o futuro. A saída não é senão o ofuscamento do entre-dois. Uma luminosidade que não pertence a nenhuma ordem: "O mimo não produz senão presenças que não são de modo algum signos convencionais. E se lhe acontecesse de produzir tais signos, ele morreria..." (Decroux).

Esta última frase, com a condição de não se lhe reduzir o sentido, poderia do mesmo modo valer para os pantomimos de tempos passados. Seus gestos os expunham a todo tipo de consequências graves. O poder que eles possuíam de desviar, de exagerar, de aumentar ou mesmo de caricaturar um comportamento convencional era uma faca de dois gumes.

Em *Origines du Théâtre Moderne* [Origens do Teatro Moderno], Charles Magnin lembra os perigos e ameaças que os mimos atraíam sobre si: exílios, ostracismo, banimentos, execuções (estranhamente, um conto de Baudelaire, "Une Mort Héroïque" [Uma Morte Heroica], tirado de *Spleen de Paris*, coloca em cena uma situação exemplar de um pantomimo, Fancioulle, confrontado com um poder principesco). Ele escreve: "Haveria uma longa e sangrenta história para fazer sobre os problemas excitados pelas brigas e rivalidades dos pantomimos, e medidas tomadas para remediá-los".

Vê-se aí o mimo conspirar. Ele visa simplesmente tomar o poder? Ou, mais gravemente, arrisca reverter toda forma de poder ao mostrar-lhe a face paródica? Esses mimos arriscam sempre fazer entrar na cena da História uma formidável e assustadora potência de anarquia. Eles penetram a base da ordem sociopolítica para extrair-lhes a ausência de fundo legítimo: Heliogábalo, o anarquista coroado, seguindo a fórmula de Artaud, não nomeará chefe de sua guarda pretoriana um dançarino-mimo?

O espantoso é que o mimo conspira em silêncio. Nós poderíamos quase duplicar a frase de Decroux ao dizer: se o mimo não produz signos não convencionais, ele pode morrer se não fizer rir; mas também, ele pode morrer se não obedecer aos signos convencionais, isto é, às leis e aos princípios que regem uma sociedade em um dado período.

A atividade do mimo é uma atividade de retardamento que não pode se desenvolver senão com a condição de jamais ser incitada.

Os pantomimos servem, falando propriamente, de intérpretes. Peças de mudança. Eles são os sujeitos de uma transformação em surdina. Eles se imiscuem. Estão em contato direto com os princípios mais ao ponto de sua articulação.

Parasita, o pantomimo joga com o pouco de liberdade que o agenciamento social lhe fornece. Ele pode ser bem-sucedido, pode também ser sua primeira vítima: ele reúne em si próprio (em si e em outros: oficiantes, prostitutas, atores, etc.) a incerteza, a androginia que preside a constituição de uma ordem social.

É por excelência que ele ambiciona o lugar porque, mais que qualquer outro, nenhum lhe pertence de direito. Daí sua astúcia, sua eventual maldade, seu sarcasmo e suas fugas (pensemos no Pierrô de Deburau) – sua infâmia em um sentido. Daí, também, o tão reduzido lugar que ele ocupa na história dos espetáculos, ele próprio, que pode estar igualmente em todo lugar e em lugar nenhum.

Artemidoro o situará: "Sonhar que se desempenha uma pantomima no teatro é, para um homem pobre, o anúncio de uma riqueza que será pouco durável... Com efeito, o ator que preencherá os papéis dos reis está cercado de muitos servidores, mas, quando a peça acaba, o rei abandonado permanece sozinho...".

O pantomimo vem para o lugar que o rei não pode ocupar no avesso da duplicação. Ele representa o que está sem estado no interior do Estado. Deixa pairar sobre toda função uma estranha alegria, um pouco sombria que, no século XX, tomará mesmo uma tonalidade explicitamente macabra. Sendo assim, próximo de toda ilusão por essência, o mimo lançaria sobre o mundo um olhar desiludido...

Mesmo em seus excessos, o mimo é alguém que se vigia. Muito vigilante para não duvidar da própria alegria... É por essa razão que ele jamais será muito feliz. E quando Decroux reivindica para seu mimo o direito ao mal-estar, talvez não faça mais do que se inscrever em uma continuidade cuja estranheza nos permanece enigmática e penosamente sondável.

Pode-se sonhar em ser mimo?

A ambição é definida como a manobra secreta que consiste em engajar as pessoas em seus interesses, com vistas a obter o favor de alguma vantagem ou posto imerecido. Os pantomimos foram o objeto de tais interesses e pagaram o preço por isso: Hilas, chicoteado; Pílades, banido, etc. Mas essas tentativas de impedi-los foram sem cessar contrariadas, pontuais, revertidas ou invertidas. Augusto restringe "às bordas da cena e à duração dos jogos a autoridade coercitiva que os usurários tinham até aí exercido em todos os lugares e em todos os tempos sobre esses atores. Ele queria que, fora da cena, eles fossem isentos do chicote, ou mais ainda, ele se reservava o direito de lhes fazer bater vergas...". Um excesso se vê aí desenhado, o qual, para além do poder de imitação, tende a restringir um contrapoder executivo – uma oposição. O mimo está no centro de todas as oposições. Uma configuração se desenha em torno do vazio (do compartimento vazio) pantomímico. Tudo parece se passar como se a pantomima tivesse o dom, seguindo o ritmo de suas aparições/desaparições, de fazer aparecer/desaparecer as correntes e contracorrentes a despeito das quais um Estado se constitui e mantém seu semblante de legitimidade e sua perenidade. A pantomima não desempenha um grande papel político (a pretensão seria absurda), porém ela é o semblante sobre o qual se funda toda política, seja ela guerreira, religiosa ou civil.

A política é uma dimensão que se interroga com frequência nas conferências de Decroux. Desde muito tempo. É raro que essa questão se coloque tão diretamente em uma prática artística e sobretudo no cerne mesmo do trabalho. As páginas de Decroux sobre o trabalho e o retrato do trabalho são nesse sentido exemplares.

Peão incessantemente deslocado, o pantomimo (o mimo) é a imagem condensando a pluralidade que é preciso continuamente manter à distância do exercício do poder: "Há jogos solenes em que a base do mito revela uma simpatia da divindade com os humores do povo, uma espécie de conivência profunda, todavia mais ou menos surda ou mais ou menos confessada do povo com o deus ou a deusa, fora de sua atuação como contribuidor da religião do Estado... Em relação à vida sexual, a experiência se limita à função que é o ato de procriar; mas a religião o integra à própria experiência do universo. Os ritos liberam o ato da monotonia e multiplicam-lhes a imagem; a imagem libera a animalidade de sua função e lhe propicia uma nova esfera: o jogo e as formas do jogo, que o associam à gratuidade secreta do universo divino... [As divindades] revelam que elas não são identificáveis apenas com a procriação, mas que na qualidade de seu princípio elas representam a existência inesgotável porque eterna; eterna porque sem objetivo, portanto INÚTIL..." (Klossowski, *Origines Culturelles et Mythiques du Comportement des Dames Romaines*).

Entrada e encenação do desejo. Que representam os pantomimos senão cenas mitológicas? E o que multiplicam senão imagens para romper com a monotonia? Poder ou potência perigosa: a multiplicação de imagens arrisca colocar em causa a validade de uma imagem-princípio – aquela de um César, por exemplo: "Sejano, para zombar de Tibério, que era careca, deu, durante as festas de

Flora, um espetáculo onde só apareceram atores carecas. Cinco mil jovens escravos raspados, esclareceram os espectadores na saída do espetáculo". *Mise-en-scène* própria para fazer perder a cabeça e que, ao desnudá-la, arrisca decapitá-la. O riso e o espanto agitam os mitos nas profundezas, a lei é para se temer. As divindades gregas e romanas escorregam ao longo das linhas de suas narrativas como sombras ou como simulacros. O erro, a dissimulação, uma inocente crueldade as guiam. Nada escapa à sua rapidez ou ao seu mutismo. Os presságios sinalizam o campo de incertezas: os homens têm a obrigação de interpretar o que se dá à meia-palavra, por enigma, em toda ambiguidade. Cada um possui somente recursos de se conciliar com eles. O menor passo em falso interpretativo pode ser nefasto. Lucien lembra como um dançarino-pantomimo, enganado pela *semelhança* dos temas, dança erroneamente os infortúnios de Tieste em vez de dançar o nascimento de Júpiter e a crueldade de Saturno devorando seus filhos. Engano que descamba para o horror – um horror que se liga ao nascimento dos mitos em que desmembramentos, devoramentos, deglutições e castrações (*membra disjoncta*) sangram o engendramento, a coesão, o elã e o crescimento. O dançarino (o pantomimo), precisa Lucien, pode cometer graves solecismos. Ele pode se ver tomado subitamente por febres eruptivas comprometedoras, delirantes. Significa dizer que ele pode, a todo momento, retornar para a barbárie de onde saiu (e da qual ele representa a saída), se reencontrar fora das regras (fora da lei) por tê-las ultrapassado ou menosprezado – por não ter sabido reconhecê-las. O pantomimo é aquele que dá e mostra a medida do anormal, uma figura em suspensão do contato da loucura do Fora e que uma força misteriosa empurra para fora desse campo estéril.

Ele se mantém entre a língua e o silêncio (a não língua, a língua abocanhada pelo silêncio ou pelo mutismo). A gravidade do solecismo mudo reside nessa incapacidade de alcançar a verdadeira corda, seguindo a expressão de Lucien, expondo o mimo a aumentar, no interior da língua, essa bola giratória de silêncio (o soluço do mundo) até que ela obstrua a voz (a via) ou, como no mito de Atreu e de Tieste, para inverter o curso do sol. A loucura espreita o pantomimo (leia-se Lucien ou as *Mémoires* de Séverin para ver por quais vias ela o ameaça). A loucura devasta o espaço quando "se ultrapassam as fronteiras da imitação", frase que nos obriga a perguntar onde e como devem se operar essas limitações, seguindo algumas condições, que vêm marcar o verniz do "tudo imitar" que definia primitivamente a pantomima. É um perigo singular que paira e se anuncia nessa configuração.

Poucos esforços nem divinos nem terrestres parecem sustentar o mimo em seu projeto. O muro contra o qual ele vem se encostar ou o solo sobre o qual ele vem apoiar seus passos parecem sofrer de uma falha essencial, como o escrevia Barrault. O espaço não é mais neutro nessa deficiência. É preciso pensar nessas frases de Decroux...: "E o que eles querem nos instantes em que eles próprios estão em estado de sonho? Eles veem coisas que se movem lentamente, que não têm cor, porque a cor é de antemão uma coisa que lembra o fugitivo. Nem coisa, nem ruído certamente... E se passam coisas, coisas difíceis de fazer, ginástica difícil de realizar. Eles vão fazer esforços muito grandes, ao escondê-las... As coisas se movem não como em um sonho, mas como em uma lembrança..." (Decroux, março de 1979).

O mimo está aí como um duplo estéril do jogo de divindades (presentes ou desaparecidas). Mas, diferente destas, ele é mortal. A inutilidade de seu dom, a invisibilidade de seus esforços, a gratuidade de seu jogo nos são vizinhas. Ele seduz e tenta por isto: por sua proximidade mortal com os deuses. É solicitado por seus talentos proteiformes, mas cujo fim se pressente. E ele perturba porque essa mortalidade permite perceber que a morte age através de seu jogo, que a morte, ela própria, é proteiforme – e que o mimo, antes de ser o sonho encarnado, é de início o presságio fugidio. Portanto, o pobre homem que sonha ser rei de uma pantomima se encontra só, com e diante da morte.

Resta o tempo – a abertura do tempo apontando como uma aurora incansável através do espaço. O tempo em que se repartiu o trabalho do mimo. Ele que gira, avança imóvel para devolver o espaço como uma luva: "Tu estás te tornando o passado, mas pode ser que nós nos encontremos em um ponto crítico, e talvez propício, da nova dimensão que te tornará presente" (Paul Klee).

Desse ponto crítico, o mimo retém apenas a questão abrupta e sem preliminares: "É exatamente isso que é preciso fazer?" (Decroux). O eterno retorno reflexivo do mimo tão próximo de um movimento do pensamento...

Estas poucas linhas de introdução sublinham simplesmente que, deste lado da história dos fatos comuns, há uma memória subterrânea em direção à qual é preciso retornar sem cessar. Luciano de Samósata o fixava desde o início de seu texto: "O primeiro dever de um pantomimo é de tornar favoráveis a si Mnémosine e sua filha Polímnia e de encarregar-se de se lembrar de tudo. É preciso que ele conheça o que É, o que FOI anteriormente e o que SERÁ...". Regra à qual fazem eco estas palavras de Rouffe, o Mimo branco: "Do dia para a noite, um encenador pode mudar o jogo de uma frase mimicada. O mimo, mais que todo artista, deve portanto ter memória muito boa. Notem que ele jamais precisou do sopro de um ponto de teatro...".

Tal memória silenciosa é como o sol árido do menor pensamento de Decroux. Trata-se de não traí-la duas vezes.

História do ângulo. "Quando os clássicos tentam descrever a vontade, a liberdade ou a inquietação, eles geralmente desenham um pêndulo ou uma balança. O ângulo infinitesimal do braço, o menor intervalo do equilíbrio do badalo, eis a decisão, a determinação, às vezes a angústia, fora do repouso. Não é a declinação, diz Leibniz, é a inclinação. Essas máquinas simples são os modelos. E são modelos pobres, porque estáticos. Sua teoria, nessa época, é de equilíbrio, suas máquinas são de escultores. De estátuas. Esqueçam a geometria, acreditem falar do tema. Visto que de fato vocês falam somente de máquinas. Esse esquecimento vai durar muito tempo, bastante ao menos para que, no início do século XX, o ângulo no átomo não seja nada senão a liberdade do tema. O real desaparece até o sonho de uma alma. É preciso portanto retornar aos gregos" (Serres, *La Naissance de la Physique*).

Pierrô não tem direito às estátuas

Os dois templos se fazem face na rua demasiado estreita e constituem uma troca de largas colunas, de grades e de laje, de telhados dóricos. Acreditaríamos ter escolhido este canto apertado do *faubourg* para organizar a cavalgada? Gregos barbudos e vermelhos se abanam durante a marcha com os aventais de ouro, e Pierrô negro, ornado com uma faixa azul da Ordem do Espírito Santo, parecendo um mancebo de Henrique III, aos pés de um pórtico, vendo a rua coberta de plintos e estátuas, se pergunta se determinado pedestal vazio não é para ele.

(Max Jacob, *Le Cornet à Dés*)

"Na ocasião da morte de Deburau, o dia em que seu público o seguiu até a igreja de Sainte-Elisabeth, dizendo para ele, à guisa de arenga: 'Pobre Pierrô, tu não és branco', nesse dia, parecia que a pantomima iria desaparecer."

(Édouard Thierry)

"Por que a desaparição de um grande mimo provoca sempre a desaparição da arte do mimo?"

(Jean Dorcy)

"A polidez do homem branco é terrível: apaga-se diante de vocês, recuando sempre mais longe para o fundo do espaço que ele lhes abre, apesar de que sua maneira de guiá-los os leva a se perder. E sua palavra é de tal modo clara que se pode parar de compreender, tão clara que, de repente, passando do lado do anfitrião, nos tornamos, por sua vez, impiedosamente brancos."

(Bernard Noël)

Um mimo desaparece, morre. Qual mimo? Laço imperativo, doido como o afrouxar de uma corda, no vazio. O solo se abre sob os passos (um mínimo de passos), mas, sob os passos, queima a linguagem/a ausência do ponto de palco que sopra as falas aos atores. É a boca do inferno, a infância do paraíso – um fole.

Nada se forja aí: mas a cena se grava no broquel.

Nem morto nem filiação natural. Nem mesmo nascimento verdadeiro, atestado.

O mimo – sua existência – preserva poucas coisas. Nem ato de nascimento, nem estatuto definido. É de outros lugares e de uma outra maneira que ele procede a sua instalação. Pierrô não tem direito às estátuas, mesmo nesse canto isolado do *faubourg*, onde os "dois templos fazem face um ao outro" – como isso se passa e não se passa nas folhas do poema em prosa de Max Jacob.

Mesmo e sobretudo nessa rua estreitíssima, linha quebrada, apagada, ressurgente sob as ruínas amontoadas. Essa rua não convém. A interrogação é mais fina que um fio. O tamanho de um mancebo de Henrique III. As desmesuras de Pierrô não fazem mistério de sua origem ambígua: ele não sai do templo e não o penetrará jamais. Esse lugar sagrado (clausura do trágico) é arejado. E a questão se coloca *a contrario* de saber se o olhar de Pierrô se fixa sobre o pedestal ou sobre o vazio que o plinto deixa aparecer.

O mimo, geralmente, se passa sob silêncio. E todo esforço que ele parece fazer durante sua vida retornaria para elevá-lo até o limiar da palidez, aquela que tem o poder de afetar todos os rostos.

Morto, o Homem branco não é branco. Ele está como que destituído de sua brancura, sem tornar-se, para tanto, de mármore, porque, para ele, a questão permanece, desse vazio. Para falar propriamente, o esforço que ele prossegue fazendo para atravessar o menor intervalo que o separa do pedestal vazio é *colossal*. Sua grandeza se estende até aí: de tê-lo em conta, de avaliá-lo e de o contraindicar a qualquer um exceto a ele mesmo.

A distância que separa o vazio do pedestal é incompreensível. O mimo o tomará pelo tamanho para erigi-lo em silêncio. De erguê-lo de um silêncio, o mimo se institui o responsável, mesmo se a ereção permanece inaparente.

Retomar tudo a partir do tamanho é também o que se dá como tarefa o mimo estatuário. Menos imaginativo que Pierrô, mais consequente talvez, ele é da mesma forma seu próprio duplo, como o escreve Derrida, "o tamanho tem o tamanho disso que ele delimita e disso que ele deslimita".

Como preencher o vazio? Como se ver preenchido quando o vazio é o próprio objeto de meu desejo? Senão ao provar da flexibilidade do tamanho – no momento em que tudo poderia se talhar, precisamente.

"A princípio, Pierrô não era essa personagem pálida como a lua,... como o silêncio, ágil e mudo como uma serpente, em pé e longo como um patíbulo, este homem artificial, mudo por singulares recursos, ao qual nos havia acostumado o deplorável Deburau" (Baudelaire, *De l'Essence du Rire*).

Comparado ao Pierrô inglês, o Pierrô de Deburau produz um efeito contrastante, senão contrariante, deplorável quando ele se dirige entre o cômico absoluto e o maravilhoso como um falso cognato que viria barrar o próprio excesso. Excesso que realiza, aos olhos de Baudelaire, a pantomima inglesa, sob o traço de gestos extraordinários, de consentimentos sem maquiagem nem cálculo, na existência vertiginosa, dentro da qual suas personagens se veem projetadas: a hipérbole é sem sombra e sem gradação alguma: "Por cima da farinha de seu rosto, ele havia colado cruamente, sem gradação, sem transição, duas enormes placas de vermelho puro...". O Pierrô inglês procedia assim, sem grande preocupação, sem fineza de traços.

A entrada do Pierrô de Deburau é por outros meios singular. Graduado desde sua aparição, incerto sobre o porvir desde os primeiros passos, trôpego, recomposto, completo: o começo desse Pierrô se dava muito sem rosto para que sua familiaridade, seu reconhecimento de família, não se fizesse sem um profundo apego.

"Pierrô veio ao mundo com o rosto branco... Sua face é branca para a eternidade", escreve o mimo Séverin em *L'Homme Blanc, Souvenirs d'un Pierrot* [O Homem Branco, Lembranças de um Pierrô]. E, parece, o nascimento do Pierrô de Deburau tende a embranquecer toda uma tradição em que os Pierrôs não se compartimentavam na configuração de um destino. Foi preciso Deburau para que um dentre eles se "fundisse" sobre a experiência puro/impuro do branco e se tornasse único, sem precedentes, só em seu caso (em seu compartimento).

Um cronista do tempo observava que a tez real de Pierrô era amarela, o amarelo "com tendências a se aproximar do espectador", enquanto o frio afasta (Kandinsky, *Du Spirituel dans l'Art*). Pierrô negro, ornado com uma faixa azul, subtrai-se aos olhares. Ele permanece fora da cena. O Pierrô branco se aproxima. Mas um prossegue sem o outro? Esse movimento horizontal, de acordo com Kandinsky, chama-se o primeiro grande contraste. O segundo se constitui pela diferença entre o branco e o negro.

O primeiro grande contraste assinala um movimento dinâmico, excêntrico ou concêntrico; o segundo, um movimento estático ou congelado.

Desses duplos movimentos, em que a atração puxa para baixo de si uma carga de repulsão surdamente hesitante, em que o branco chama para fora da sombra ao se projetar contra ela, certas obras de Daumier destacam a influência, a imperícia na onda em vazio do contraste. O tom dominante de brancura em *Dom Quixote*, impulsionado para a frente como um espanto de avestruz violentamente saído do ofuscamento de seu buraco, revela uma cena em que "Dom Quixote torna-se parecido com o anjo translúcido da obsessão heroica, avançando em uma atmosfera lunar", como o escreve R. Rey. Ou ainda o *Mélodrame* cuja cena é o tema: louca brancura da heroína queimando sob a exposição dos olhares, avançada espectadora, fitas[1] enegrecidas de desejo, tensões de atração tendendo a verter o movimento negro da loucura sobre o rebordo da cena – a inocência profunda desaparece nesse pântano. A fineza extrai sua leveza de uma crispação.

---

[1] No original, *mentonnière* designa um tipo de faixa que passa pelo queixo e é utilizada para prender o cabelo ou chapéu. (N. T.)

Quanto ao que toca o branco, Kandinsky dá um indício conclusivo e agudo: "O branco age, sobre nossa alma, como o silêncio absoluto... Esse silêncio não está morto, ele é rico de possibilidades vivas. O branco soa como o silêncio que subitamente poderia ser compreendido. É um 'nada' pleno de alegria juvenil ou, melhor dizendo, UM 'NADA' ANTES DE TODO NASCIMENTO, antes de todo começo". Ele se mostra branco, seria a inocência?

Pierrô – esse papel que não tem história, ou parece ignorá-la (paramentando-se) – nasce no branco, no horizonte plano do branco, no movimento e no lugar mesmo que, subitamente, poderia estar compreendido. Lá onde, secretamente, se liga a intriga, no limiar dessa garganta ou desse pescoço que dá passagem... sob o tempo, sob os tempos os mais diversos – de inverno sob seus efeitos de neve.

De quais núpcias Pierrô é o rejeitado? De uma aliança sem pedras (depravada?) desfeita entre a intriga (o fio mais fino da história) e a brancura? Théodore de Banville descreve o duplo caráter dessa movente intimidade com os acentos estranhamente desviados:

"... Uma intriga sempre interessante porque ela era sempre a mesma, e porque ela empregava em suas cenas, perfiladas como as pérolas de um colar sem fim, toda a movente intimidade... Quanto a Pierrô em tudo isso, não havia outro ponto de vista senão manifestar-se através da natureza, ao conservar sobre sua veste imaculada e sobre seu rosto exangue como aquele dos deuses a brancura e a gloriosa inutilidade do lírio."

De tal modo que a intriga monótona e perolizada não lhe faça nem calor nem frio. Nem calor, nem frio, entre os dois polos: preto e branco? De qual natureza seu espaço preserva a transparência?

Interessante, a incessante repetição do mesmo? Inútil, mas também objeto de prazer, visto que ela se vê remarcada, louvada, nomeada?

A pulsação material/imaterial que vem apodrecer, debaixo da superfície, o cerne de uma pele e dissimular esse nada com um toque decisivo parece vir ainda explorar a margem de uma cena sem sombra, em que se extenuaria uma última e dupla obsessão romântica, aquela da "vida de um próprio para nada" (Eichendorff), e aquela de um ser que teria perdido sua sombra (por tê-la vendido) como o *Peter Schlemihl* de Chamisso. Pierrô aparece exatamente como aquele que realiza a impossível existência de um ser que não serve para nada e para o qual a sombra não pesa mais.

> *Mettre un ton rose*
> *Dans cette implacable blancheur*
> *De quel mica de neige vierge*
> *De quelle moelle de roseau*
> *De quelle hostie et de quel cierge*
> *A-t-on fait le blanc de sa peau?* [2]

Antes de todo nascimento, antes de todo começo, antes mesmo da escritura desse poema de Théophile Gautier, "La Symphonie em Blanc Majeur" [A Sinfonia em Branco Maior], estende-se uma região que não atinge os relevos e superfícies de brancura que desenham o pescoço de um cisne, o luar, a brancura das camélias ou o pelo algodoado de um arminho. Essa região repousa como o corpo invisível do enigma,

---

[2] Colocar um tom rosa / Nessa brancura implacável / De qual mica de neve virgem / De qual medula de cana / De qual hóstia e de qual círio / Fizeram o branco de sua pele? (N.T.)

> *Sphinx enterré sous l'avalanche...*
> *Et qui, sous sa poitrine blanche,*
> *Cache de blancs secrets gelés?*[3]

De uma vez por todas, não se pode senão retornar, sem que um só de nossos traços tenha repisado a fugidia definição. Ora, o efeito do jogo, sobre esse ponto do rosto, é de neve, seguindo a fórmula emprestada pelo mimo Séverin a Théophile Gautier. E ela intervém no momento em que Séverin evoca a morte de Yacomo, o mestre de Deburau.

Quais nervuras são pretendidas nos lentos progressos da matéria do branco? Qual nervosidade sob a placidez? Qual qualidade sob a quantidade? Mineral, vegetal, animal, seca, oleosa, envernizada, concentrada...? A enumeração se empobrece até a dessecação: o poema parece ainda operar por extração ou descentralização, a fim de (talvez) proceder ao recobrimento de um tremor inefável.

O branco, perfeito cadinho de matérias, perturba seus componentes para tornar impossível a *definição*, para lhe embaraçar o acabamento e tornar este invisível, inútil na brancura.

---

[3] Esfinge enterrada sob a avalanche... / E que, sob seu peito branco, / Esconde os brancos segredos gelados? (N.T.)

A inflexibilidade do espectro

No entanto, o começo se manifesta simplesmente em *Mémoires* de Séverin, que ele publica em 1929. Ele se concentra em dizer a verdade sobre o nascimento de Pierrô. Ele a conhece de fonte fidedigna, oral. De Rouffe, seu mestre venerado, que a conhecia, por sua vez, de Charles Deburau, exatamente o filho de Gaspard. Última testemunha da existência do Homem branco, Séverin re-transcreve a narrativa desse nascimento. Este aqui, que constitui "o extrato de nascimento" do Pierrô de Deburau, apresenta-se como a busca de uma outra definição, química em um sentido, quase alquímica em sua acanhada certeza, em que o gesto inicial (perdido aos nossos olhos, relançado no tempo) se pressente ainda, entre os rastros de pó que, sem dúvida, manchavam os dedos, as mangas da roupa ou a nudez do punho; o registro dessa narrativa é tão friável quanto a pausa silenciosa de uma respiração sobre a beira de uma mesa.

"[...] Em uma das pantomimas que Yacomo montava, havia um espectro. Esse fantasma devia empalidecer, quase embranquecer; depois, com o cinza, cruzar as bochechas e os olhos. Gaspard Deburau era encarregado desse papel.

Ao fazer a maquiagem, antes de tornar fundos os olhos e as bochechas, ele vê que sua fisionomia tomava ares interessantes. Sem nada dizer, uma tarde, para si próprio, ele a empoava tornando-a brilhante com um branco espesso até chegar a perfeitas brancuras e opacidade. Faltava alguma coisa a essa máscara. O quê? As sobrancelhas acentuadas com o preto. Seria preferível de antemão. O que ainda? O batom para ressaltá-los do branco.

Cada vez melhor, cativante, mas, apesar disso, não estava completo. O que era preciso acrescentar-lhe? Ah! Eis, a touca preta do Arlequim Yacomo. Oh, maravilha! Pierrô acabava de nascer! A alma do *mimus albus* de Roma acabava de se transformar em Deburau. Experimenta-se esse recém-chegado em uma pantomima: ele não alcançou nenhum sucesso... Gaspard Deburau era artista e obstinado. Havia composto uma bela máscara, ele não queria deixá-la morrer. Por que sua personagem, que ele considerava tão bela, permaneceria indiferente? Ele se maquia várias vezes e não tarda a ver que o menor franzir das sobrancelhas, o menor fechar ou piscar de olhos, a mais fugidia expressão de sua boca, se inscreviam em sua figura. Desde então, ele começa a aprender a escrever sobre essa bela página branca que é a máscara de Pierrô." (Séverin, *L'Homme Blanc*)

Sob o branco, a neutralidade, que foi necessário ler e entrever, para que ela se visse envolvida por uma escritura.

Brancos límpidos. Branco inervado do globo ocular. Branco que seria preciso romper, quebrar, para reencontrar a imagem do fundo da cena (a paciência silenciosa).

Cavar: esvaziar, minar. Intransitivo. "A porca avança o focinho à frente e cava" (Colette). Cavar: it. *cavare*, esvaziar e depois tirar de seu bolso. Fazer uso de uma soma de dinheiro para certos jogos, segundo o dicionário *Robert*.

Não fazer senão lembrar esta descrição da máscara de Pílades, o mimo romano, retranscrito por Charles Hacks: "A cabeça inteira escondida em uma enorme e assustadora máscara de madeira que possuía apenas um olho, o outro não havia sido vazado, e cuja boca abria-se milagrosamente em pequena tromba para a frente, achatada na extremidade como um focinho de porco...".

A pantomima não poderia viver na ignorância desse horror noturno, infantil, mal ou dolorosamente conjurado. Não furado, exorbidade, único ou cravado, o olho da máscara gira em órbita entre o terror grotesco da noite e a claridade do rosto descoberto do dia. Olho de ciclope, corpo monstruoso na entrada da caverna, da cavidade ou do abrigo, cuja questão obsedante é saber se ele está obstruído ou escancarado; o ato gira em torno desta saída do antro que não constitui outra coisa senão a passagem entre o que ainda não tem rosto e o deformado de um primeiro dia.

"A máscara é o caos tornado carne", escreve Bataille. Ela é apenas o poder que o homem se dá de adentrar, de se insinuar na ausência de conteúdo que o destrói e daí tensionar o arco de morte e de sua animalidade. Solidão obtusa da máscara "que, na verdade, diviniza mais do que humaniza o mundo".

Ora, os pantomimos de Yacomo eram por assim dizer "trufados" de máscaras. As personagens eram máscaras: Arlequim, Pulcinella, Cassandra tanto quanto a Strega, a bruxa. Apenas as figuras femininas, Colombina, Isabelle e a Fada, atuavam com o rosto descoberto, Léandre também e, "por ventura, a Assombração".

Não se poderia dizer da Assombração que ela não pode ressurgir senão dentre as máscaras? Sendo aquela que, por força das coisas, deveria certamente morrer, ceder todo seu traje, encontrar-se fora e despossuída de sua caverna. Sendo por natureza falida, aquela que imprime um traço de e sobre sua ruína. Nesse sentido, também, a mais desgostosa no meio.

A matéria das máscaras, em papelão ou em couro cozido, era por si só forçada, esfalfada, açoitada; agia sobre o cênico como uma broca sem controle, sem preocupar-se com o meio. A Assombração não poderia se encontrar aí visto que o luxo a impede de desfrutar da solidão, da protuberância mascarada, da força devastadora da máscara.

Se a verdade avança apenas mascarada, da mesma forma, ela não avança senão petrificada. Ela sugere também um mundo finalizado: "O repertório das aparências terríveis é limitado e válido para todos os seres", dá a entender Roger Caillois em seus estudos sobre o mimetismo animal, *Méduse et Cie, Le Mythe et l'Homme* [Medusa e Cia., O Mito e o Homem].

A carne da máscara petrifica o caos, o apreende com um estupor, o possui com uma cessação de morte. Essa apreensão sinaliza o limiar estranhamente próximo de uma lei que gostaria que o caos consentisse em concreções originais, repartidas no universo sem que para isso elas não parecessem proceder de um único princípio. "A máscara do fúlguro porta-lanterna não imita uma garganta de lagarto", precisa Caillois. Ele produz aí uma variante na escala de insetos tão inútil e, aliás, tão prestigiosa quanto os chifres do órix, a mandíbula do lucano, as pinças do besouro-hércules. "Não se trata de uma réplica, mas de um original tão antigo quanto a cabeça do crocodilo" (*Méduse et Cie*). A hipótese proferida por Caillois sugere unicamente que os moluscos e arquétipos de que dispõe a natureza existem em número finito, que as semelhanças entre os termos minerais, vegetais, animais ou humanos são "ao mesmo tempo fraternais e autônomas", que a natureza economiza espontaneamente o número de modelos, "aí inclusos aqueles das máscaras terríveis".

Do mesmo modo para as máscaras, modelos e arquétipos da pantomima. Em número finito. Às variantes enumeráveis. A pantomima, sempre interessante, porque sempre tramada sobre a mesma intriga. É preciso que a Assombração retorne de longe para aí acrescentar uma nova máscara: a Assombração, aquela que jamais finaliza totalmente com os mundos.

Abrigar-se, estabelecer-se

Nesse abrigo, de que Jules Janin dizia que era todo úmido, coberto de mofo, Deburau se encontra só, uma tarde, várias tardes. Antes de tornar fundos seus olhos e suas bochechas, antes de minar a máscara para que ela esteja pronta para usar, antes da própria atuação que representa a representação, antes que o dinheiro não seja desembolsado da plateia ao galinheiro, antes que as coisas, cenários e acessórios sejam colocados nos lugares, antes que se produza o efeito de gozo antecipado de euforia e de risos dos fatos finalmente transmitidos, antes da própria *mise-en-scène*, Deburau é colocado em presença de um enigmático jogo de degradês entre dois brancos. Degradês em que a cor sem precedentes de um corpo vai encontrar um novo filtro do ser, uma regulamentação de fluxo que não deixe nada transpirar de sua rapidez, de sua circulação ou repentina lentidão. Nada transpira: nenhuma intimidade do drama. Experiência solitária. "O andar interessante", a exigente aparição (aquela que se faz no traço da Assombração), avançava para descobrir seguindo as leis da encarnação sem correspondências preexistentes. Charles Hacks nos oferece um motivo: "[...] O *grime*[1] de Pierrô e sua aplicação são todo um mundo, toda uma criação especial, de um colocar-se também especial e no qual nada corresponde ao teatro".

---

[1] A palavra *grime* designa o papel de velho ridículo e o ator que interpreta esse papel. (N. T.)

Alguma coisa procura tomar lugar, de infinitamente livre e nuançado, de inqualificável, mas inter-vindo entre duas essências de branco, no momento em que o corpo de Deburau está sentado, livre de todo o seu peso nessa postura. Sós, máscara e mãos entram no jogo do espelho: o corpo está dobrado sob esse plano.

Esse colocar-se inicia com um deslocamento. Ele o sinaliza. Espécie de rotação globular raspada em seu movimento por uma lâmina afiada. O escalpelo é invisível: a operação permanece estranhamente neutra em seus interesses.

De qual substância o fantasma se desfaz? Que fluxo branco ou perda completa, qual linfa ele deixa em sua passagem?

Seria preciso que um olhar o fixasse – um olhar entre as máscaras – para apresentar um passeio à experiência, dar-lhe uma guinada, fixar ao menos um polo no percurso dessa pulsão de branco (pulsão branca) que não poderia (talvez) transparecer senão sob essas condições: vazada, arrastada ou suada entre duas lentas evoluções de branco, com o imperativo de um fechamento imediato, de uma secagem imaculada. Hacks destaca ao menos duas funções essenciais da maquiagem e dos paramentos de Pierrô (cujas consequências não deixarão de ser, ulteriormente, avaliadas em defesa do próprio Pierrô):

"Quando é coberto de pó adequadamente, nada mais virá perturbá-lo, nem o suor nem o muco nasal... O nariz permanece seco assim como a pele da figura, de tal modo que a maquiagem jamais irá se borrar... Quanto ao figurino, ele é portanto feito para ser flexível e largo a fim de dar conforto aos movimentos ginásticos e sobretudo para poder suar impunemente."

Em cena, é jogada essa impunidade. "Sob uma falsa aparência de presente", que, aqui, se abandona e se condensa na superfície, no único incômodo real que a máscara encarna. O brilho granulado do hímen, tingido (e estanhado) do mais puro espelhamento, do opaco e da opacidade que anulam o rasgo possível de uma vitória ou derrota, que torna inúteis a partida e seu malogro ("interessante porque sempre a mesma"). Nulidade ameaçada, do interior como do exterior, pela desaparição dos peões e das peças cuja presença permite que ela se interponha, que *jogue*. Deburau não abandonará os parceiros tradicionais da pantomima: ele os deslocará, na cena seguinte, ao sabor de suas intrigas. Ele os manterá em sua função maquínica: ponto de armação respaldando-lhe a própria concordância. Ele os avançará e os afastará sobre o tabuleiro de xadrez branco e preto em que ele próprio, Pierrô, se coloca no lugar da casa vazia. Como imaginar o que ele era do corpo próprio de Pierrô? Nele, a realidade e a evanescência se articulavam ambas em risco. Essa camada não suportaria o menor desmoronamento ou clivagem. Fonte de todos os delitos, adultérios frequentemente, o menor excesso de humor, o menor tumor ou cólera se veem reduzidos a um mal menor por delitescência. O mal, sim, mas com a condição de ser rápido. Ser-lhe-ia indispensável, por pura necessidade, a exatidão sob pena de se desmantelar, de se destruir. Aí também, era uma exigência estabelecer-se, mas também uma estratégia. Essa lei parece perdurar. Nós a encontramos formulada nas análises de Jean Dorcy sobre o traçado do mimo: "Enfim o traçado, ou via emprestada pelo gesto, é no mimo incisivo e direto. Precedido por um clique destacando o ataque, ele termina com um tempo de pontuação. Delimitado da sorte, o gesto toma relevo, se solta do resto e se casa, ocupando seu lugar no conjunto" (Dorcy, *La Mime*).

Decroux e Barrault não teriam, nesse sentido, senão deslocado o lugar do drama? Do tabuleiro de xadrez da pantomima ao drama muscular? Deslizamento de terreno produzindo com ele certas leis inalienáveis?

Lei da estratégia, lei dura: o que faz círculo em torno deve ser relegado (legado diferentemente), pregado nas paredes absolutamente polidas da cena circundante. O imprevisto – o que Decroux chama de real – exige dele sozinho muita atenção, muitas forças de despertar para que se vejam encobertas de "rivais" ou de rivalidades. *Deburau não tem ninguém para imitar*: sua rivalidade é nula e nesse sentido é que ela ocupa todo o espaço. Apenas uma lei, sua única restrição ou adversidade, envolta na sua maquiagem: e ela é secreta.

Sem rival: nem mesmo um Comendador contra o qual se dirigir. O plano de fundo desaparecendo, o adversário oscilando entre uma brancura mortificante ou alegre, perigosa porque infinitamente neutra, Pierrô vê-lhe proibirem o acesso ao mito: nem Dom Juan, nem Dom Quixote. Sua existência empalidece diante de tais figuras que não o olham. Para ele, as linhas de fuga são horizontais – mas se ele levita, é ao rés do chão e da intriga.

Pierrô permanece por meio da interposição (o vimos apenas uma vez tomar posição?) e só existe graças a parceiros interpostos, ressurgido jamais surgido, jamais morto, jamais nascido; são esses traços que fazem dele um pantomimo. A impunidade, ela própria, não se exprime exceto na imunidade dos corpos dos parceiros, ou de sua função, grau ou degradação; desejo de impunidade que conserva apenas este limite: de fazer desaparecer os parceiros vivos: que eles expirem, mas não se abandonem na morte. Pierrô, solitário, vivendo entre os mortos? De qual lugar ele emana?

Brancos em frente um do outro, onde se alternam em acordes suspensos as tramas visíveis-invisíveis no intervalo dos quais uma aparência de ser atesta uma exigência figurativa. Há aí algo parecido a uma ornamentação unitária e prematura de toques pressentidos – e já esperados. Toques que se semeiam em parcelas até a congruência de um sentido possível, súbito, conduzidos nos entrelaçamentos do visível e do invisível, repartindo cada grama elementar do suporte (o papel da página branca), da fórmula (seus componentes escriturários), da gramática (a sintaxe e a economia dos meios), traçando como uma hipografia, cujos traços do rosto não representam nada além da mais leve pressão, o estilete mais delicado. A impunidade é acompanhada de um retiro impossível, interdito. A sujeição à máscara *imprime* suas marcas, o fio dos seus caracteres por "depuramento", em uma zona de contágio generalizado: a escritura não pode senão ser cursiva, febril, próxima do esgotamento e fortemente exclusiva; o mundo, um vazio entre dois parênteses. A brancura succínica tomada a distância, íncubos e súcubos afugentados por um esforço de palidez extrema, Pierrô conserva a cena sem deixar passar uma palavra traidora das intensidades toleradas, das indurações ameaçadoras. Ser sucinto permanece ainda uma das mais asseguradas maneiras de garantir um eventual sucesso.

Caso se desenhassem os contornos, limites, repetições e imponderáveis que tornavam o estilo de Deburau incomparável, isto permaneceria como a parte perdida (senão maldita) de uma visitação, como a pré-face, relida sem cessar, de uma vocação suspensa. Vocação afônica que parece produzir seu corpo de brancura, uma precessão de mudanças, reserva para os sentidos (indecisa em alguns aspectos):

"Cada corpo tem o seu pré-corpo e cada sentido tem seu pré-sentido, por um secreto prolongamento de substância ou de qualidade, que formam as emissões de qualidade ou de substância que se fazem continuamente fora dele... Através desse prolongamento secreto, eles [os corpos, os sentidos] são atingidos e eles atingem sem tocar nem ser tocados..." (Joubert, *Pensées*).

Só o segredo transpira. Nada mais...

Pensar que esse tocar distanciado obedece a uma lei não basta para circunscrevê-lo inteiramente. "Em primeiro lugar, criar um vazio, um local, um lugar, preparar e conduzir, isso tudo é a arte da suspensão..." (Joubert, *Pensées*).

"Misterioso como o silêncio", Deburau suspende a cena, cria esse vazio. Este se estica em seu rosto e no corpo de Deburau, prolonga um segredo que SÓ ele está vendo, só para sentir, só para tramar. Segredo incomparável – de uma elegância orgânica e muscular sem igual. Anel, satélite, ornamentação lunar, um rosto sempre escondido: Pierrô lunar, ao desvio de um texto que, como o diz Schoenberg, *não se canta*, não desvela senão a terrível similitude do mesmo. Ele é o único a saber que o mistério de uma face escondida, embranquecida, não revelará nada além de uma outra similitude, nem mais nem menos misteriosa, mas que o enigma conserva em seu virtual descolamento, *tête-à-tête* górdio que somente um sabre poderia trespassar:

> *Il flageole et s'agenouillant,*
> *Rêve dans l'immensité noire,*
> *Que pour la mort expiatoire*
> *Sur son cou s'abat en sifflant*
> *La lune comme un sabre blanc.*[2]
> (Albert Giraud)

---

[2] Ele vacila e se ajoelhando, / Sonha na imensidade negra, / Que para a morte expiatória / Sobre seu pescoço se abate sibilando / A Lua como um sabre branco. (N. T.)

Jean-Louis Barrault evocava em uma entrevista este suor celestial que pressente o lapso de memória que virá de seu parceiro, nesse caso, mesmo que no momento presente, nenhuma força, nenhum imprevisto venha perturbar a superfície de seu discurso; suor premonitório que suspende o eixo em silêncio, mas não o toca, não toca nada, não dá senão as condições de chegada para um lapso irreparável. O menor lapso e a trama se desenrola: ameaça interior, que a máscara vem destruir. A ameaça exterior? É o crime.

A descoberta genial de Deburau conserva-se na máscara. Ela se apresenta como um longo pressentimento. Talvez esteja aí e isso seria uma origem? O ensaio longamente executado de sua apreensão. Obra crescente, contratante. Selante.
A água do presente – água que flui.
A água latente sob essa máscara? O rosto deveria se desmanchar, derreter-se, inserir-se em sua nudez de duplo – nudez nua. Nenhum atributo entre um e outro. A nudez do rosto se vê – ofuscamento de luz, queda horizontal atrás da copa de brancura – roubada de sua nudez. Cópula dissolvida. Apenas o olho, exorbidade, cruza as redes e as desembaraça soberanamente – olho eternamente arregalado, toda bravura do olhar, velando a noite branca.
Velando o *caput*, "abertura de uma roupa através da qual se passa a cabeça". A cabeça sobre o travesseiro, a cabeça sobre o edredom, Pierrô da noite, Pierrô cruel: passar a cabeça, perder a cabeça, há aí, entre dois, como se de repente fossem a mesma coisa, tomada corretamente no corte do rosto, convexo e côncavo em uma mesma reviravolta do índex – gesto de uma fraqueza irresistível, à destreza minuciosa, sob a pressão do qual se entreabre a metáfora sensível do vazio do osso... o olho do lance de dados, do canto dos dentes... de uma palavra desordenada que um gesto de Pierrô violenta e obstinadamente gostaria de silenciar.

Complainte de Lord Pierrot

Au clair de la lune
Mon ami Pierrot,
Filons en costume,
Présider là-haut!
Ma cervelle est morte
Que le Christ l'emporte!
Béons à la lune,
La bouche à zéro.[3]

(Jules Laforgue)

Pierrot Cruel

Dans le chef poli de Cassandre
Dont les cris cassent les tympans
Pierrot enfonce le trépan
D'un air hypocritement tendre...
Il fixe un bout de palissandre
Au crâne, et le blanc sacripant,
À très rouges lèvres pompant,
Fume – en chassant du doigt la cendre
Dans le chef poli de Cassandre[4]

(Albert Giraud)

---

[3] A Queixa de Lord Pierrô: Ao luar / Meu amigo Pierrô, / Veios no traje / Presidir as alturas! / Meu cérebro está morto / Que o Cristo o leve daqui! / Boquiabertos diante da lua, / a boca a zero. (N. T.)

[4] Pierrô Cruel: Com a autoridade polida de Cassandra / Cujos gritos rompem os tímpanos / Pierrô força o trépano / Com um ar hipocritamente terno... / Ele crava um pedaço de palissandra / No crânio, e o branco sacripantas, / Com seus lábios vermelhos sugando, / Fuma – batendo a cinza com os dedos / Com a autoridade polida de Cassandra. (N. T.)

Longe do camarim, longe dos tempos de Deburau, fora de sua arte, fora de seu ofício de serralheiro... fora de tudo aquilo que o faz retornar, uma fantástica onda de metamorfoses linguageiras (geralmente grosseiras) vai atirar-se em torno do vazio que ele terá *criado*. Em toda inocência, em toda *inconsciência*, sua presença poderia arruiná-la (dificilmente: os libretos o provam); sua desaparição não poderia senão precipitá-la. Um *grime* e todos os crimes simulados, vocábulos e gestos conjugados, são possíveis.

> *Laisser faire, laisser passer*
> *Laisser passer, laisser faire*
> *Le semblable, c'est le contraire.*
>
> *Et l'univers, ce n'est pas assez:*
> *Et je me sens, ayant pour cible*
> *Adopté à la vie impossible,*
> *De moins en moins localisé*[5]
>
> (Laforgue, *Complainte de Lord Pierrot*)

Sonhado sob os olhos de Pierrô? Intermediando, cunhando a chama de um instante, escovando esse canevás da poeira das membranas mortas, peles secas, cinzas ou chamas onde sopra o artifício. Pierrô sonha com um sonho. Seu gesto só dá acesso à dessecação de um dia oneroso que se reduz à miséria: o que cai diante de seus olhos são quedas de sonhos, como falaríamos de quedas de tecidos, que se recuperam, remendam-se, espetam-se e reespetam, costuram e recosturam, para daí tirar alguma roupa "para se vestir".

---

[5] Deixar fazer, deixar passar / Deixar passar, deixar fazer / O semelhante é o contrário / E o universo não é bastante: / E eu me sinto, tendo como alvo / Adotado para a vida impossível / Cada vez menos localizada. (N.T.)

A vida é do vento tecido, escreve Joubert, e o tecido é aberto, exposto a todos os ventos, "com minhas mãos sem conceito como um trabalhador ajustador de membros".

Ajustados na história, todos esses corpos, natimortos, entalhados, a golpes de bofetadas, pancadas, tapas, bordoadas, degradados em seu ser, resistindo ao abatimento para se ver reduzidos ao estado de madeira morta, essa madeira de pequena dimensão que não se pode empregar em nenhum trabalho, nem seca nem residualmente.

Servidores e suplicações. Séries inumanas se aplicam sobre sujeitos, suplícios reais excluindo de seus caminhos as travessias da arte, Callot permanece aí a testemunha mais meticulosa (e Goya a mais secreta), que grava as misérias e as infelicidades da guerra, mas alinha também a sequência de *Balli* onde Gobi corcunda, Zanni gatuno e Cucuba com as nádegas contraídas dão a medida de um espaço estranhamente construído. As curvas da bunda, os dedos sodomitas, os dedões nus sobre a terra batida, o forro puxado entre as nádegas deixam pressentir como o primeiro prazer de uma distanciação. Eles se comprazem desse espaço que os separa, mas lhes dá uma liberdade de afrontas e afrontamentos não mortais. A postura-impostura, provocante, tem lugar de tradição (o lado de fora, o ar livre de um fundamento constituído de fundos abertos), sem cessar com vistas a uma correção. Essa tradição, gravada por Callot "em três traços de ponta", nasce mascarada e não avança, por assim dizer. O olhar circunscreve o círculo. No interior do qual os corpos pairam, tomados por todos os olhares nos limites do círculo descrito. Seringas anais, bússolas para pernas-de-pau, fuzis em bandolina... o grotesco (se) afia, afina suas armas, inflama-se com a investigação de detalhes, forçando os corpos soberbos de eloquência, mais tagarelas que uma gralha, traçando uma sublime barbárie de invertidos, definindo em todo o rigor a hipérbole pantomímica. Todos os heróis se interpenetram sem reduzir a distância, impondo o diálogo verticalmente, como se a natureza da postura (importante e fora das leis), sempre revelável, monstruosa, viesse ao mundo suja de excrementos – nariz plantado sobre o rosto, por essência nascida orgulhosa...

O que Callot grava na memória são os *sursis, sursis* de ser que uma violência de poder tenta reduzir ao estado de coágulo.

O suplício cômico da Commedia dell'Arte *desvia* o trajeto dos golpes. E estes visavam já ao ser em sua totalidade. Suas personagens assemelham-se a esses *aeradores* que lavavam as casas de pestilentos, queimavam as ervas aromáticas, procuravam dissipar o *ar nocivo*. Dissipadores e dissipados, sabendo que a História visa amiúde a retornar ao Mesmo, por brutais giros de manivelas, espadins ou lâminas de espadas.

Michel Foucault começa *Vigiar e Punir* lembrando a descrição pela *Gazeta de Amsterdã* do suplício de Damiens, desmembrado em praça pública em 1757.

"Atenazado nos mamilos, braços, coxas e batatas das pernas [...], e nas partes em que será atenazado, (será) jogado chumbo derretido, óleo quente, piche em fogo, cera e enxofre derretidos juntos e, a seguir, seu corpo será puxado e desmembrado por quatro cavalos e seus membros e corpo consumidos pelo fogo." A *Gazeta* exprime com exatidão que a operação de esquartejamento foi bem longa, "os cavalos utilizados não estavam acostumados a puxar; de modo que, em vez de quatro, foram necessários seis; e esse número não foi suficiente ainda para romper os nervos (do condenado) e lhe retalhar as juntas [...]".

Encordoamentos, arrancamentos, desmantelamentos, queimaduras, retalhamentos e consumações vivas laboriosamente praticadas, sobra muito pouco do corpo de Damiens que tenha resistido para além de toda a execução, como se o nó que o ligava à vida fosse insecável, indesembaraçável, insupliciável – vida reclusa entre as cinzas, presença desastrada, fugitiva de todo o horror. O atroz paradoxo do suplício (que deveria torná-lo impossível) conservaria no inimaginável desejo de tornar visível o lugar (o estado) do sofrimento? E de não descobrir senão esse lugar neutro em que a transformação de um corpo em saco se vê sem cessar recoberta pela controversa ressaca de uma morte violenta?

Tudo é inútil – além do horror. Damiens morreu, sua morte não pertence em nada à competência dos mecanismos punitivos, deixando as testemunhas do suplício desprovidas de toda força para testemunhar. E é nesse sentido, exclusivamente, que a lembrança se constitui inapagável. Tornou-se-lhes impossível esquecer que eles não tinham visto nada. Logicamente, isso convocava o desejo de ver mais, conduzia o povo a desejar que lhe administrassem a prova irrefutável de um suplício final. O exemplo que devia provocar horror, ao contrário, desavergonhava os privilégios: "O povo reivindica seu direito para constatar os suplícios", e a lógica dessa engrenagem exige que o condenado lhe seja "ofertado", exibido, mostrado, exposto, "desde a hora do crime até a hora da morte". Lógica de reversões: "Várias vezes, deve-se proteger contra a multidão os criminosos que se obrigavam a desfilar longamente no meio daquela..." (op. cit.), dando ao extremo a oportunidade de desencadeamento efetivo, quanto ao que acontece nas cadeias de condenados:

"Durante a tarde toda em que seguia o aferramento, a cadeia formava uma grande farândola que girava sem parar no quintal de Bicêtre: refúgio aos sobreviventes se a cadeia os reconhecesse; ela os envolvia e os afogava em seus anéis, os condenados permaneciam mestres do campo de batalha até o cair do dia."

Aferrados, abandonados pelas leis, os condenados forçam o estado de coisas e o Estado de direito. Os pesos, o fardo, o elo da corrente, eles produzem uma trajetória espetacular, uma fábula de orgulho muscular: "Para nossos condenados, o desprezo dos homens. Para nós também todo ouro que eles deificam...". Eles constrangem a multidão a escolher entre a barbárie dos carrascos e a infelicidade dos condenados. Eles relançam velhas forças escondidas. Assustam, somam, comunicam com "esta múltipla representação do crime que davam à época os jornais, os pasquins, os malabaristas, os teatros de bulevar" (op. cit.). Eles fartam o espaço público, o dragam e o drenam, até arrastá-lo ao estado de talude sob seus passos. O desgaste vem de baixo, da base prodigiosamente sólida e escorregadia como um pavimento da rua. Erosão irrefreável, sempre antiga, emergindo incessantemente. Seria possível oscilar a realidade apenas mantendo esse fio (a cadeia) até o ponto de se romper. Um veículo celular restabelecerá a ligação: os corpos dilacerados se verão aí transferidos em uma "espécie de funil em zinco" sem deixar nenhuma abertura para o exterior. A realização é reenviada ao segredo. Os condenados representam a última linha funambulesca, aquela que atravessava a cidade e a ultrapassava com um brilho embrasado, coberta de fuligem e de rubor como a pele de um saltimbanco, de um funâmbulo cuspidor de fogo que não pode cair. Para sempre além, o funâmbulo, forçado a um único passo, não reencontrará senão a homenagem de Genet, o único em condições de ver e de responder à questão do ouro, da impossível transmutação: "– É indispensável que eu ganhe tanta grana? – Indispensável. Sobre teu fio de ferro tu aparecerás para que te borrifem com uma chuva de ouro. Mas nada te interessa além da tua dança, tu irias apodrecer durante o dia" (Jean Genet, *Le Funambule*).

O funâmbulo, o saltimbanco, o malabarista, o mimo, aquele cuja lenda supõe que ele seja apenas um desajeitado dançarino de corda: o crime os atravessa, o ouro os atravessa. Mas os seus haveres não se capitalizam, eles apodrecem. Não restituível, sempre destituído. Seu destino é ingrato.

O saltimbanco é o homem dos pequenos cortes.

"Em meio aos numerosos combates grosseiros, o Pierrô é o único que não fala; mas é impossível ao mais audacioso dos sofistas explicar como esse branco mudo se encontra no meio de personagens maquiadas..." (Champfleury)

Pierrô, o mais excêntrico dos excêntricos, nascido no rumor das feiras, ponto do silêncio da palavra criminal, valete da morte, valor da palavra repentinamente calada: "Quando os excêntricos estão no buraco dentro da terra, eles não se chamam mais".

Nessa vaga, nessa ameaça, está a aposta da vida inteira do artista Deburau. Ele mantinha (o enorme sucesso o ajuda), com uma obstinação indefectível, seu papel mudo, enquanto os livretos e roteiros, por motivos majoritariamente comerciais, tornavam-se cada vez mais "tagarelas": "Quando os artistas de agilidade foram substituídos por cantores de versos nos vaudeviles, a pantomima saltadora desapareceu e, com ela, o mutismo de seus intérpretes. Os explicadores, desde o início imóveis, emudeceram como os atores.

A pantomima dialoga, prologa, epiloga. As autoridades não puderam fazer nada, senão cortar as asas em todos os diálogos suspeitos de despertar as paixões da opinião pública... Só Deburau, fiel a seus hábitos, à sua arte do mimo, teima em permanecer mudo. Todos os outros que não tinham suas razões de fundador do *emploi* aprenderam a falar..." (Rémy, *Deburau*).

Quem não tinha seus motivos... É possível pensar que eles resultariam do que diz Rémy, mas também de razões obscuras, claras para ele, das quais se poderia imaginar, fora de toda indiscrição póstuma e analítica, que giravam em torno de um saber indecifrável, mas cuja violência traumatizante, trançada e amarrada de vazio, encerraria a obstinação?

Violência, palavra, silêncio, liberdade, fechamento, história, segredo... É nas entrelinhas que tudo termina por ser dito, entredito, interdito, significado em silêncio. Na censura (e na licença), Deburau escapa por um sentido certo de não ser contradito. Sentido do imperceptível. Recusar fundir-se à progressão da história ou estar ausente, porque está mergulhado até o pescoço. Sempre velando: em um primeiro e último *tête-à-tête*.

Estranha repetição também dessa recusa do falar: Deburau, Chaplin (tão demorado para se resolver). Qual receio ou desconfiança se reitera aí, que visa à natureza da linguagem?

Medo da violência do decreto

O que descobre o dedo, o dedão da maquiagem, pela sensação de seu percurso, é, sob o cerne da pele, um vazio que uma força vinda de trás dos olhos tende a cobrir, a suturar, e que a luz da visão (o interesse) mantém a distância. A vertigem do vazio não assinala o fim. "Nós estamos na luz na medida em que reencontramos a coisa no nada. A luz faz aparecer a coisa ao caçar as trevas, ela esvazia o espaço..." (Lévinas, *Totalité et Infini*).

Descoberta do nada. Eis o que toca Deburau, o nada do espaço que se mantém sob e atrás do rosto e que avança até ele ao lhe "foraminar". Esse nada vai ao encontro dele (e ao mesmo tempo, para trás dele), aplicar-se sobre sua face. Funciona como o espelho que não joga nenhuma sombra e parece condensá-la toda nele ao embranquecê-lo ao extremo... Experiência da luz, do nascimento de uma luz, experiência que parece se dar a esse ponto como imperceptivelmente inumana... evocando em surdina um terror.

Deburau nasceu em 1796.

Antes de constituir sua trupe, seu pai, Philippe Deburau, foi barbeiro, auxiliar de cirurgião, soldado no exército austríaco, empregado no exército de Condé, marionetista (o que se chamava então "dirigir um espetáculo mecânico"). Até se instalar em Paris, em maio de 1814, a existência da família Deburau é nômade, migrante, apátrida. Durante esses anos, a noite não se dissocia, por assim dizer, do dia. A luz é incerta e os ferimentos se fazem em carne viva, claramente, com arma branca. Faltava tempo para fazer curativos demorados, curá-los com lentidão, morosamente. Acidentes, quedas, perdas, lutos, fracassos, guerras, fome, deserções ou separações... a esquiva é insuficiente, sem sono ou quase, que dê o espaço e o tempo de sobreviver. A razão é tão profundamente obcecada pela loucura do dia que a noite se torna branca. Mesmo para os fugitivos, a crueldade do dia é imanente. E a máscara poderia se erguer sobre essa ausência de sonho sem trazer uma sombra?

Pierrô sem sonho? Pierrô ou o sonho ausente na própria cena? O medo não se agita?

Na língua, o mimo. O mundo jamais é mudo.
O que foi o "presente antigo" de um corpo que ninguém verá de novo? Silenciosamente, um mimo e sua arte desaparecem, mutuamente. Não é o passado que nos faz fechar os olhos e escrever, ou pintar, ou compor, mas um presente antigo: um presente de pura perda que nos envolve. Esse lapso de memória que atualiza a chegada do presente, cobre o corpo de um suor, de uma nudez crepuscular.

O horror provém disso que despenca do alto, disso que apreende do alto tudo o que vive no baixo.

Seria preciso desenhar no vazio o agenciamento de uma maquinária, que vem obscurecer todo o lugar. 1793-1794 representam os anos de uma irrefreável força pública, exercendo seu controle sobre os atos públicos sem tempo de latência, sem pausa, sob o imperativo de uma decisão imediata e decisiva. A história do teatro conserva a marca que lembra esta "cena" desempenhada uma vez por todas em 27 e 28 de novembro de 1793 no Grand Théâtre da cidade de Bordeaux: "A comissão militar decidiu pelo encarceramento dos atores do Grand Théâtre por causa de uma representação de *La Vie est un Songe* [A Vida é um Sonho], em que o grito de 'Viva o Rei!' reverberou na sala; e, dois dias depois, os representantes em missão escreviam para seus colegas da Convenção: 'Todos os indivíduos do Grand Théâtre, em um número de 86, estão sob custódia'. Eles deveriam ser soltos em 25 de dezembro, pela Comissão militar, à exceção do infeliz Arouch, que fora guilhotinado por ter forçado o grito sedicioso de 'Viva o Rei!', ainda que ele não tenha cessado de repetir: 'Mas estava em meu papel!'" (D'Estrée, *Le Théâtre sous la Terreur*).

Palavra sem rodeios. Desesperada por estar viva. Nenhum recuo, nenhum apagamento sob a palavra. Nenhum subentendido: o que foi dito diz plenamente a indivisibilidade de um ato público; o que se manifesta é inteiro e, como tal, cercado; o teatro se vê suspenso até a "ordem do dia" e despossuído de seu poder de suspender a ordem das coisas. A ordem, durante os anos, circula anarquicamente: decretada, abolida, modificada, localizada, nacional ou regional, ela se funde aos seres como uma potência cada vez mais decisiva. Prisões sobre prisões, a ordem em curso cobre todo o espaço, atravessa todos os campos, interrompe abrupta e inflexivelmente tudo o que poderá ser outra coisa senão transparência. Mesmo se essa potência da ordem fosse entrecortada pelas rivalidades de facções políticas, as relações antagonistas de correntes revolucionárias, ela interviria, nesses anos, como uma unidade sem gênero, *mestra* (desejada) de todos os poderes sucessivos.

Nesse sentido, pura potência teatral? O jornal de Prudhomme iria emitir exatamente esta proposição, em *Les Révolutions de Paris* [As Revoluções de Paris]: "A escola do teatro é talvez a única que convém a um povo laborioso, livre... Uma outra instituição, menos dispendiosa e mais importante ainda, são as tribunas nas arengas praticadas nos locais públicos das cidades e espalhadas ao longo de grandes caminhos: seria mesmo preciso que houvesse uma em cada aldeia. Seria preciso colocá-las ao lado do lugar consagrado para os cartazes de leis e atos das autoridades..." (citado por Estrée).

As salas de espetáculo, notadamente nos departamentos, tornaram-se o ponto de partida ou de encontro de manifestações políticas. Unidades de lugar, de tempo, de ação, em que supostamente, na representação geral, a separação palco-sala seria abolida. Potência de uma palavra pública, potência de uma língua afirmativa, decretada, enunciada, denunciante, traçando sobre o território, pontuações geralmente mortais, as escansões de suas trinchas, ela visa essencialmente a matar dois coelhos com uma pedrada só: eliminar a ambiguidade de uma língua que diria tanto por seu enunciado quanto por seu silêncio e perturbaria o sentido ou a significação. Sob o Terror, a linguagem não é senão superfície (unida necessariamente), uma superfície de discordância que apenas a morte (executiva) tem o poder de esburacar com profundidade.

A menos para reencontrar uma transparência mais transparente que todo discurso. Discordante nesse processo generalizado.

Por exemplo, a denúncia, na tribuna dos jacobinos em 3 de setembro de 1793, de uma pantomima no liceu de Artes, *Adèle de Sacy*, em que uma mulher, perseguida por um tirano, esperava com seu filho a chegada do marido e de um irmão para liberá-la.

A interpretação dos comissários supunha que ela simbolizava Maria Antonieta e o delfim esperando a intervenção dos condes da Provence e de Artois. Em seguida a essa denúncia, os administradores do liceu vieram defender sua causa perante os jacobinos, Gervais Desaudrais e Jouan.

Eles lembraram antes de qualquer coisa o fundamento preciso de toda denúncia: "O bom republicano não teme as denúncias, porque elas são *a pedra de toque* do civismo; mas toda denúncia deve ser examinada, *aprofundada*; é o dever da *vigilância*, e é quando a estima pública faz justiça com o denunciador... É bem difícil denunciar uma pantomima, porque, é o caso de dizer, ela não pode ter uma palavra para condenar a peça. Adèle, infelizmente, perseguida por um tirano, tem seu marido e seu irmão para vingá-la e o tirano é morto. Eis toda a pantomima" (citado por d'Estrée).

Sobre isso, os administradores, tendo acrescentado o roteiro como prova de apoio, convidam "além disso, a administração para uma representação a portas fechadas". D'Estrée relata que "extraordinariamente, o liceu de Artes ganha seu processo".

Eis a pantomima: nada menos que fatos. Nada mais. Nenhuma palavra a condenar sobre isso. O que seria mais transparente? Feita de uma tal transparência que ela convida para que seja vista a portas fechadas (com a retirada do público), e que ela peça que o processo de uma denúncia seja *aprofundado*, legitimado por um retorno sobre o que são aí *fatos*. Estranho retorno das coisas que compõem, circunstancialmente, o jogo ilusório de uma pantomima, a base de um pedido elementar: que a justiça seja feita, e isso no (e a partir do) silêncio.

Os motivos por meio dos quais o liceu ganha seu processo (processo mínimo em vista dos acontecimentos da época) não são revelados aqui. Eles trazem uma hipótese simples: essa pantomima devia ser *insípida*. E a insipidez, em que as atitudes do corpo, silenciosas, certamente não esboçam senão com dificuldade um "fundo", apaga a prova, não entalha a cena, desliza sob as marcas. Um despacho do Comitê de Saúde Pública exigia que para entrar no Teatro do Povo todo cidadão devia ter uma "marca particular... dada somente aos patriotas, da qual a prefeitura regulará o modo de distribuição". Ora a argumentação do liceu é inversa. Essa mulher, Adèle, é infeliz e nada mais: a pantomima se detém nesse traço, distinguindo, como alguns baixos-relevos, apenas uma visibilidade primeira saída parcialmente da massa.

Para que essa pantomima escape do castigo revolucionário, seria preciso que não estivesse na evidência representativa de nada. Inútil na história. Aspecto através do qual ela depositava suas bases em que as gerações ulteriores de pantomimos iriam procurar certas maneiras de ser. Limpas e excessivas com a condição de ser apagadas, não mais do que elas são.

Insipidez patética. A história da pantomima é uma história fraca. Pouco falante, ela não brilha mais que uma intensidade fraca. Traços, entalhes, estrias, memórias, marcas... nenhuma parece ter o poder de decidir sobre um acontecimento (caso o acontecimento se defina como memorável?). A pantomima parece, ao contrário, se redobrar no vazio disso que se dá ou ainda localizar sua existência entre a lucidez e o sono, o sol e a noite – membrana conjuntiva que incendeia a brasa, que congela o gel.

A ascensão que conhece a pantomima entre o fim do século XVIII e o primeiro terço do século XIX "esposa" relativamente certas transformações sociais, políticas e fisiológicas desses anos, dentre as quais uma ao menos desempenha um caráter decisivo quanto a tal ascensão. Em *1789: Les Emblèmes de la Raison* [1789: Os Emblemas da Razão], Jean Starobinski destaca fortemente a pauperização e a queda intensa de uma "linguagem de princípios" como um dos efeitos do Terror, seguindo o título de um livro de Benjamin Constant. "No contato do obstáculo, a linguagem de princípios é usada, é falseada, e o sentido das palavras é empobrecido e obscurecido: numerosos são os testemunhos de uma fadiga da linguagem depois de 1794."

A pantomima tira proveito dessa fadiga. Deburau, em certo sentido, nasce daí.

Dois tempos se conjugam, dois anticiclones se entrecruzam e criam as condições favoráveis a uma tal depressão: a redução do suplício e a lenta constituição de um sistema visando a atingir no corpo "alguma coisa que não é o próprio corpo". Michel Foucault nos ajuda a seguir e compreender essa longa operação: "A redução do suplício é uma tendência que se enraíza na grande transformação dos anos de 1760-1840; mas ela não se completa; e pode-se dizer que a prática do suplício assustou por muito tempo o nosso sistema penal e o habita ainda" (*Vigiar e Punir*). Movimento que se vê duplicado por uma outra tarefa que visa, ela própria, a "golpear a alma" e da qual Foucault comenta assim a importância: "Momento importante. Os velhos parceiros do fastio punitivo, o corpo e o sangue, cedem seu lugar. Uma nova personagem entra em cena, mascarada. Termina uma certa tragédia; uma comédia começa com uma silhueta de sombra, de vozes sem rosto, entidades impalpáveis. O aparelho da justiça punitiva deve morder agora sobre essa realidade sem corpo".

As condições estão reunidas. A pantomima – quando muito uma história dentro da história – aí trama sua intriga.

Ela conhecerá suas horas de suplícios cômicos, pantomima-farsa, inglesa, pantomima-arlequinada – como essas *Pilules du Diable* [Pílulas do Diabo] de Laurent e Anicet Bourgeois, que Gautier descreve como um "desordenado mais embaralhado que o caos, onde há de tudo exceto uma peça... toda a criação passa aos olhos dos senhores (1839)" e a entrada em cena de uma personagem mascarada, silhueta de sombra, brancura sem rosto e sem voz, o "lamentável Deburau", criador de Pierrô.

A base de toda pantomima permanece, ao menos até 1842, ininteligível. Os mimos-acróbatas maquinam, montam, agenciam seus efeitos, seus acessórios, suas situações. Insípida, a intriga não retira seu sentido senão da ingenuidade e da engenhosidade de seus cortes. Ela consiste em fatiar corpos em infinidades não constituídas e, portanto, eternamente reconstituíveis. Os "mimos" apareciam como estranhos corpos compostos, dos quais nenhum elemento permitia forçosamente deduzir a anatomia primeira ou última. Corpos espancados, castigados, castrados, dissecados, desmontados, maltratados, rejeitados, surrados ou moídos, "preenchidos de argamassa" na ocasião, eles parecem saídos de um paganismo hiperbólico celebrando, em paródias sem medos, um culto do novilho de ouro cuja insígnia quebrava todas as mesas do saber, exorbitava todas as faculdades de julgamento. *Le Boeuf Enragé* [O Boi Enfurecido], pantomima-arlequinada em doze quadros, desenvolve o cerimonial "a golpes de martelos":

"Oitavo quadro. Como o vinho se torna uma droga.

Os perseguidores entram em um cabaré, que se torna uma farmácia; eles tomam pílulas fulminantes contra a cólica; essas pílulas são enormes; introduz-se uma na boca de Boissec a golpes de martelo; quanto a Pierrô, para lhe fazer engolir a sua, é preciso bater com maço de calceteiro. Uma vez no corpo, as pílulas explodem e todos se salvam com uma bombinha em sua calça.

Nono quadro. O boi enfurecido.

(Eis enfim; sua entrada é preparada como aquela de Tartufo.) O cortejo do boi passa; a ideia de tornar-se um cozido torna o animal furioso; ele derruba a porcelana de Cassandra, e Pierrô é chifrado..."

Os caracteres desta debandada são como que esbofeteados parados no mesmo lugar, martelados, colados, pregados na sola do local. Eles imprimem pancadas secas em uma matéria que não se revela jamais concentrada ou compacta o bastante para mumificá-los ali: "O malho se anima e os impede, através de uma avalanche de pancadas, de ir mais além", mas o enquadramento estoura no quadro seguinte. Se uma situação ou quadro insere mal uma personagem, é que esse último já havia desistido deles, desistindo ele próprio mais baixo que a matéria, que não preenche nada, não envolve nada, não serve de arrimo contra nada. A brutalidade das cenas apenas se aplica a corpos já planos, aplanados, apenas aos restos, somente aos empréstimos deixados através dos corpos volumosos sobre sua passagem. Estes aqui fazem sempre *glissade*. É assim que eles sobrevivem.

A pantomima desborda, ao jogar sobre todos esses planos que não terminam de desaparecer entre os dedos. Ela é, propriamente falando, *amnésica*. Um poço de esquecimento do qual as personagens escapam ao se fazer esquecer ainda mais. É necessário ser menos do que nada para escapar desses impasses dilacerantes. Se uma palavra fosse pronunciada, não teria mais importância que uma pílula engolida. Fundente, ela desaparecia na garganta, colocada no cesto de lixo, inapta a refrear a fuga para adiante ou a saudação repentina de uma armadilha.

A ação? Ela cai como granizos, cônicos, rompidos, acrônicos, anacrônicos ou acrômicos, sem deixar atrás de si nem depósito, nem calcificação, nem líquido quiloso, nem jacente. O restante é de superfície, superficial, isto é, profundamente indigesto. Os signos produzidos? Cortes de uma prensa desprovida de caracteres. Os golpes sofridos pelos corpos são tão violentos, tão contrários ao organismo, ao princípio de realidade, que eles se veem, seguindo o desenrolar previsto, decapitados, aparados nas pontas, abolidos no himeneu final.

O himeneu, que tecem o amor e as bruxas, assinala uma extensão que se pensa ser um entendimento. O tecido final do casamento subentende que nenhuma das falsas dobras, que nenhum dos falsos passos dos quadros precedentes possam ser *visíveis*. O pior é destruído no hímen. Não existiu. Nada se produziu.

Nenhuma perfuração. Nenhuma penetração. Dessa negligência sem consequências, Champfleury louvava os méritos: "Nós somos antinaturais, nós somos divertidos, alegres, prestos e sutis; nós não nos perturbamos quase nada com as entradas e saídas. E tudo isso, efetivamente, não tem nada de muito natural. Mesmo 'os efeitos da água natural' brilham de seu artifício".

Pouco se perturba com entradas e saídas. Evidentemente, deixa a porta bem aberta para duas aventuras paralelas: a monotonia e o acidente. A estrutura de uma pantomima inglesa não procede de nenhuma surpresa, na medida em que, precisamente, cada situação surpreende uma personagem na espera de ser surpreendida. É um automatismo que os faz viver. Automatismo de ter um estalo que não rompe de modo algum o curso da monotonia.

Tudo parece envolver essa formulação – que nós desviamos aqui de sua origem – de Lacan: "O que se repete, com efeito, é sempre alguma coisa que se produz... como por acaso" (sublinhado por Lacan, *Le Séminaire* [O Seminário], livro XI). Ou o acaso, nessas pantomimas do primeiro terço do século XIX, é incessantemente *forçado* e por outro lado... esvaziado de uma possibilidade que introduziria um terceiro termo e que seria o *encontro*. O acaso salta imóvel, como se ele saltasse sobre uma mina, o esburacamos, o lançamos ao abismo. Ele é sem eficácia, sempre jogado ou frustrado. Uma pantomima como *Le Songe d'Or* [O Sonho de Ouro] de Nodier é exemplar desse ponto de vista. Não se passa rigorosamente nada. Nela, o sonho dorme. Pierrô, desertor incansável, joga Leandro contra Cassandra, Arlequim contra Cassandra, Pierrô a favor ou contra Arlequim, com uma profunda indiferença. A intriga jamais se estabelece. Rasa, monocórdia e perfeitamente determinada, ela suscita esse efeito paradoxal de descolamento vertiginoso do acaso. Ela desarma a violência ou a intensidade de tal modo que se torna absolutamente inassimilável. E conjurada.

Le Songe d'Or conjura a ameaça que pesava sobre *La Vie est un Songe*. A vida dorme e silencia. Nenhum grito, nenhuma interrupção, nenhuma palavra, nenhuma ação encontrará nada a condenar: estão ausentes.

Exceto para se introduzir sob a figura de uma Assombração. Para duplicar essa insipidez de um outro plano; para tomar as coisas através do meio. O que (talvez) opera Deburau. Ele traumatiza esse espaço bem agenciado, maquinal, de uma "competência singular", cuja propriedade consiste em apreender as coisas (os fatos) no mesmo instante de seu agenciamento semiartificial, seminatural, no momento preciso em que a diferença entre o artifício e o natural se articula e se encontra a ponto de descambar para a convenção ou o estereótipo. Passagem ou verter oblíquo, diagonal, transverte operando uma mestiçagem da história, enxertando-lhe adaptações úteis-inúteis, faustas-nefastas, a menor preocupação sendo de saber se, por aí mesmo, a situação se vê aliviada ou agravada.

É o ataque através do meio que prevalece; é o insustentável e imputável meio que vale o golpe que o interrompe, o ar indiferente, para taxá-lo de um valor insigne e transitório. Prova por fazer? Aquela de sua consistência. Pierrô retorna em direção a ela para dela subtrair um fim, à sua maneira, o ar de não tocar nisso, de não se molhar com isso. Como um meio teria um fim? Ao tirar-lhe o fim do fim imperceptível ou obsceno, patíbulo ou serpente, tapa ou roçadela... no Paraíso, é entre o patíbulo e o céu que se encontra o corredor a ser seguido.

O que devia fascinar em Deburau? Sua maneira de se fundir em uma situação, de jamais estar em débito, de se "atirar" nela, de ser constantemente branqueado de tudo o que gera consequência, de lhe dar uma cor, uma folhagem – de desmontá-la ao ponto do franzir de uma tonalidade. O branco sustenta e revela o espaço. Ele o pulveriza com separações, direções, de voos e de misérias inaparentes e inapropriadas, em que as multidões encontravam o poder de esticar seus membros.

Verdadeira inatividade – o imperceptível repouso dos órgãos, descolagem para a fraca distância levemente sensível em cada corpo... Deburau, aquele de quem se destaca o singular, entalhando na menor contração do corpo ou dos punhos, a marca ínfima de uma leveza penosamente vivida, penosamente vivida o tempo que lhe seria necessário. Figura, no entanto, com elegância e enorme bolsão de vazio em que os corpos desses dias viriam sobreviver e depois se perder: touca e blusão flutuante, não poderia tratar-se de uma semelhança qualquer. Pierrô não se assemelha a nada. O desembaraço flutuava sob o mantô, deslizava até o chão, emanava do Paraíso. Mas isso intimidava... Com uma intimidação ardente, rigorosamente fiel às leis elementares e interrompidas por um mimetismo sem promessa: travestido, camuflado, mascarado.

A hipérbole da pantomima seduzia não apenas pelo poder que ela cultuava de fazer perder a cabeça, mas sobretudo através daquele de deslocar as fronteiras, no sentido em que estas delimitam um espaço por convenção, conquistado e arbitrário.

Vários ultrajes e várias viagens, em um só lugar; vários limiares transpostos, fraturados, elevados ou prostrados repentinamente por mudanças de nível, de recuos de coerência, enviesado e com variações de humor, desvelamentos de cenários disparatados. Nerval – e outros com ele – não poderia ver aí o mecanismo mais simples, o mais esquemático, o mais suscetível do maravilhoso, do que ele designava como *o esplendor*?

A pantomima proporcionava atravessar as fronteiras? Derrida lembra, em *Double Séance*, que "Nerval percorreu toda a Europa para estudar a pantomima". Estranho movimento, perturbadora autenticidade: viagem discretamente extrema, com a prova de todos os desvios, os mais artificiais, os mais naturais. Viajar realmente por um artifício. As redes percorridas são infinitas, menos para se ligar inextricavelmente, do que para se entrecruzar de modo lacunar. "Esclareça-me sobre esses desvios, onde eu me machuco a cada passo", "[...] e eis que por uma sucessão imprevista de acontecimentos, de locomotivas, de carros e talvez mesmo de barcos a vapor, eu me veja plantado às sete horas da noite, sob um peristilo de ordem dórica, diante de um proclama branco".

Ao término de todas essas linhas, o branco que se proclama. Como se a certeza linear enfraquecesse, como se, de todas essas linhas de devir agitado, o branco traçasse o exclusivo plano exato, o exclusivo cadastro que se poderia ler penosamente.

"[...] Comumente os cartazes de teatro são impressos sobre o papel de cor, que anuncia uma primeira representação, cujo título, perdido na sombra se lê com dificuldade, ainda que impresso em caracteres romanos" (Nerval).

Aqui, o coração é atingido. Coração da cidade, coração de signos e sinais, coração de brancura batendo no limiar do mundo em todo lugar reencontrado, nessa cidade de Flandres ou na luminosidade poeirenta do Egito; coração aflitivo que cobre de uma transparência, lúcida de si própria, a rede perfeitamente decalcada que deixa pressentir. Eis designado o estado dos lugares para além dos limites: um deserto que duplica uma rede de esplendor... eternamente traçado na brancura.

Branco mais puro ainda que a geada ou a geleira: "Quanto a Arlequim, preenchemos com argamassa e o conduzimos na desventura da butique de um apotecário. Esse infeliz permanece incrustado na vidraçaria, os membros em cruz, a cabeça para baixo".

Situação exemplar do *new-groot-ballet-pantomime*, retranscrito por Nerval em *Lettres des Flandres* [Cartas de Flandres], datando de 29 de setembro de 1844: *Pantaloon Stoomwerktuigmak*. Réplica maluca vitrificada da arte de fazer pantomímica para a vitrificação sem esperança de um proclama branco. Arlequim não morrerá somente entorpecido, ele escapa da fossa comum que espreita em uma vala no solo. Como o observa Nerval, "esse seria o caso de dizer que os mortos vão rápido". E a rapidez dos mortos, celeridade de passamento, tem o nervosismo dos sobressaltos, a brusquidão de um tique ou de um soluço sacudindo todo o corpo, provocando com ele degolos repentinos, abertos sobre abismos.

A morte vai rápido. Momento ruim para passar – momento ruim que passa rápido. A vida (a intriga, loucura monótona) continua, "o fundo se entreabre e dá lugar ao palácio eterno do himeneu decorado de um sol girando" – sol girando seguindo os princípios inalienáveis de verdades contrárias aos fatos. O quadro final gira pouco, eternamente. Mesmo o suplício se vê girar na roda do tempo.

Nesse ponto de imutabilidade, nos seria preciso recorrer à escritura de Derrida "descrevendo-se, desescrevendo-se em seus trajetos, os ângulos e 'enrolamentos' ou 'retomadas' relacionando-a a si própria...". Sob um lustre de aproximações enrugadas, inesquecidas sob as cores sólidas de banalidade. Escritura sobre a qual não podemos repousar, visto que se escrevendo por um corpo (textual) talvez despedaçado, se ele não estava coberto (e por aí desvelado-desvelador) por uma película muito fina para que se dê uma tomada em ato. Hímen: fronha branca que cobre o olho de certos pássaros... fronha para a qual a orelha se tensiona, caindo de sono...

Quando a pálpebra se fecha, a brancura se ergue. O corpo não se mexe mais, a embriaguez é absoluta. O texto de Derrida gira em torno do incontornável, que se encontra entre, antro indecidível. O hímen o perfura com uma esquiva. Nós a encontraremos na vida itinerante e noturna de Deburau. O hímen sagrado, do mesmo modo, introduz viciosamente o sentido, até o exangue, até a exiguidade de uma deiscência que se defina nesses termos: ação através da qual as partes distintas de um órgão fechado se abrem sem um arranhão, ao longo da sutura de união. Daí essa infatigável personagem de pantomima, incapaz de estourar ou de quebrar o vidro da vitrine. Infatigável ao ponto de rir e de fazer rir: tomado que é em uma tão *graciosa* fatalidade, a fatalidade do simulacro. E aí, não se morre, desaparece-se. Passa de um simulacro a outro, no dia a dia, a boca a zero, como diz Laforgue. Tudo o conduz, tudo se desconduz – idealmente. De modo grosseiro – só os homens morrem.

"Mesmo quando ele faz o passo, Pierrô permanece, diante das portas, o 'cativo solitário da soleira' (para sua cara morte). Estourar o hímen ou estourar a própria pálpebra (o que no pássaro se chama hímen), perder a vista ou a vida, não ver mais o dia, é a fatalidade dos Pierrôs."

Não ver mais o dia, para ser dado o dia, de si próprio. Destino de Deburau – juramentado, sem que uma palavra seja pronunciada. Tudo isso se passa sob o olhar de Pierrô.

"Deburau coloca simplesmente a mão sobre seu coração, abaixo de seu buquê de noivado. Uma lágrima escorre sobre a farinha de seu rosto." (Champfleury)

"Não sei em quais termos exprimir-lhes meu reconhecimento. Minha pluma é semelhante à minha voz em cena, mas meu coração é semelhante a meu rosto e eu lhes rogo aceitar a expressão sincera..." (Deburau, carta a George Sand)

"O branco inextricável e duro
Passa no pescoço estreito, o maëlstrom voraz
Agitam menos a areia e o vareque impuro
Que nossos corações onde no entanto tanto céu se reflete."
(Baudelaire, *Reliquat et Dossier des Fleurs du Mal*)

Entre o coração e o rosto, o batimento do duplo, a pulsação sem voz. Deburau morre em 17 de junho de 1846. Essa pulsação cessa de bater. Mas sobretudo o fantasma torna-se seco, impenetrável, uma causalidade irreal ou ainda uma quase causalidade. O paradoxo de Deburau, essencial, envolve conservação do sentido. Ele dava sentido contraefetuando uma dupla esterilidade: aquela da assombração, aquela da proliferação pantomímica. E isso, ao lhes interromper o curso, ao lhes restringir ao mais curto de sua errância por efeito de secura. Ele secava. Reenviava a multiplicidade dos atos e proposições para a univocidade. Duplicava não apenas os termos simétricos, mas também as situações incompatíveis (Pan ao confrontar em um duelo um oficial inglês), de um só e mesmo sentido: um céu vazio se refletindo em um coração tão branco quanto seu rosto.

No céu vazio, com o coração branco, com esses nomes genéricos em que gostaria de resumir o desejo de um acontecimento puro: à fina palavra de uma arte, não respondem, definitivamente, senão o espasmo ou o assobio, a asma ou o grito-chiado. "Não pensam que a onomatopeia teria um bom efeito em pantomima? Pierrô já emprega em raros intervalos um pequeno grito que entusiasma a sala; o falatório contínuo de Polichinelo, esta singular canção de ferro branco, produz uma sensação estranha..." (Champfleury). Um tinido, um guincho, um ruído de superfície, pequenos acontecimentos do paradoxo que circulam em todos os sentidos, que sondam a escuta em estridências quase mudas.

Golpes de sondagem que assinalam uma superfície impenetrável, um deslizamento incorporal, o devir póstumo: envelhecimento sem cessar de rejuvenescer, grandeza sem cessar de apequenar-se, etc. Sons de uma estranha perenidade (aquela de Tati), sons sem pés medindo as distâncias de profundidades. Únicos possuidores reais da ausência. Quando em *A Ilíada* Aquiles chora a morte de seu amigo Pátroclo, em um sonho, este último retorna até ele com sua grandeza, seus olhos, sua voz, seu corpo e suas roupas.

Mas quando Aquiles, excedendo-se, estende as mãos para abraçar o corpo de seu amigo, este desaparece debaixo da terra "com um pequeno grito, semelhante a um morcego" (Vernant, *La Catégorie Psychologique du Double*). O duplo marca com um som a realidade de sua ausência. O entusiasmo da multidão tem esse traço: Pierrô emitindo seus pequenos gritos, em raros intervalos, significava que ele era realmente irreal. Espasmo de um voo de morcego, duplo sem imagem, pureza de roedor, guinchado de rato branco, sombra branca do corpo cinza de um roedor... Pierrô póstumo, uma superfície irritante, uma pele irritada, a irrealidade mesma do acontecimento:

"Colombina: Que responde a sombra para esses golpes de bastão?
Pierrô: A sombra responde que ela tem um corpo que martirizam [...]"

A única profundidade de Pierrô repousa nisso: ele retorna para irritar toda a superfície. Impetrando no que ele não tem autoridade senão sobre sua própria superficialidade.

"Pierrô: Vamos, façamos cócegas; de um movimento sutil
Que minha mão, sobre meus flancos em todos os sentidos caminhada,
Imite com seus dedos os passos da aranha."

Ao longo da parede do palácio mudo, encortinando as divisórias do silêncio, potência onisciente e ardilosa, o passo da aranha duplica a transparência do ar de uma transparência quitinosa, tecendo essas contas cosidas de fio branco em que o constrangimento nos fecha os olhos. Constrangimento inevitável: "Eu sou de coração o vampiro", escreve o *Héautontimorouménos*. Tudo se passa, com efeito, como se Baudelaire subentendesse que Deburau desempenha um giro *enforcável* como essência do riso (e das lágrimas), ele passava, ao menos potencialmente, a corda no pescoço. Se, para que ele seja cômico, isto é, emanação, explosão, desembaraço de cômico, é preciso que haja dois seres em presença e que o artista não ignore nada de sua natureza dupla, ainda é preciso que esse duplo reserve uma parte *enorme* para o excitamento. Excitamento que Deburau fazia lei de não cair. Impassível, em todas as outras circunstâncias exceto a cena, é esse caráter que Baudelaire suspeita no mimo dos Funâmbulos, como se essa impavidez (quase o contrário da avidez do desejo humano) escondesse um horror íntimo, mais perturbador, mais misterioso que o silêncio. Aí, parece, a desconfiança se sustenta nesse "paraíso artificial", em que tudo é muito branco para ser honesto, uma sabedoria perigosa: "O Sábio não ri senão tremendo". Que Pierrô não suporte o riso, seus paradoxos autorizam a pensá-lo, fazer rir não a partir do riso, às vezes, sem uma segunda intenção (um fundo estranhamente lúcido) desprezível. O Paraíso é um meio em que o riso e as lágrimas estão ausentes; estes estouram somente no homem irritado sem mais força para comprimi-los. Do riso, cuja ironia desejaria precisamente que ele visse confinar no paraíso, Deburau experimenta, tremendo. Experimento que o faz cambalear, rompe a calma descrita por George Sand em sua correspondência: "Deburau foi encantador nas suas maneiras. Ele não se deixa tentar pelo menor bocadinho de champanhe, temendo por seus nervos e tendo necessidade da mais completa calma possível para sua atuação". A natureza do mimo não se resolve portanto em uma só atuação dupla, mas na potência única, unida, ou, mais precisamente, na urgência de unificar custe o que custar. Que a urgência repouse sobre o branco, é preciso aproximar sem cessar; mas o efeito glacial e brilhante, sintomático e cruel de seu estado, a popularidade extraordinária de Deburau sai da rejeição do populacho, isto é, disso que, nela, se manifesta enquanto potência da irritação. A atração de Pierrô se singulariza nisso que ele chama a atenção para si, para lhes encolher e lhes vampirizar, todas as energias debochadas, risonhas, lacrimosas, ensurdecidas e decisivas das classes mais miseráveis. A camisola branca, ampla, a touca preta, a face enfarinhada, condensavam o brilho de um empoamento perigoso — embora imperceptível nos anos de 1830. Com Deburau — sem que isso seja percebido (mas a lucidez de Baudelaire o pressente) — uma percepção grosseira se perde em proveito de uma inserção em segredo. A pantomima, o tão visível, o tão gordo, afina, emagrece, insere na atuação um colocar-se secreto, um "passe na gola estreita" em que os corpos irritados, tensos, importunados pelo cansaço e esgotamento, se verão insensivelmente atenazados, encarcerados, reduzidos à canalha.

É somente após Deburau que o mimo se tornará a figura neurótica, insone e sonambulesca, esse puro valor aplicado como um decalque sobre a palidez de um corpo sem rosto. Mas é com ele que a mudança se torna impossível. Ele encarna a última ilusão atrás da qual não é mais pensável de se fazer ilusão: "O Teatro é dissimulado", comentará Champfleury, precisando que o balé e a pantomima têm a coragem de suas opiniões. Pierrô está bem aí, o descendente, o valor afônico em que certos escritores e críticos, futuros anticomunais, poderão ler a última condensação de um Universo que, como o escreve Sartre em *L'Engagement de Mallarmé*, estava deslocado, de que "a natureza não era senão uma dança infinita de poeiras" (*Obliques*, Especial Sartre). Os Funâmbulos ou a ratoeira. O impasse ou o obstáculo. Pierrô fica de perfil, deslocado, destacando-se da parede, da opacidade, do vazio. Sand, Gautier, outros vinham até esta sala para tornar-se vis, cutucando, acotovelando o populacho, medindo a distância que os separava. Tal promiscuidade não era suportável senão com esta dupla condição: que a materialidade dos corpos circunvizinhos seja confundida, anulada pela brancura da fina figura cênica e o pretume de fumaça na sala. Multidão sentida e tornada cega contra a sua vontade, comprimida e reduzida a uma poeira de anonimato. Regozijar-se com a multidão – o extremo dessa tentação, cuja fobia traça o cadastro, se escreve em *O Homem das Multidões* de Edgar Allan Poe – exige que esta última seja sem olhar, semblante como uma obscuridade de olhos vazados. Mas distrair-se, distinguir-se da multidão torna-se impossível (intolerável) quando esta se torna imanência mesma do rosto. O que é cativante e perturbador em um movimento como a Comuna – e o que provocava horror nos escritores anticomunalistas (Sand, Gautier, Francisque de Sarcey, Catulle Mendès, todos "enamorados" da personagem de Pierrô – tornado desde 1846 "Pierrô de França") – é a aparição de rostos. Cada comunalista aparece ao mundo como um rosto, portador do enigma inalienável que deseja que a nudez de um rosto se dê sempre como a exigência elementar da comunicação. Esta vertigem infinita (bondade, generosidade, precedendo toda divisão), benevolência primeira de um rosto aberto, é aquilo diante do qual recuam os anticomunalistas, é aquilo que recusam nomear e ver homens como Catulle Mendès: "Heróstratos de subúrbio. Sardanapalos ébrios de vitríolo", ou Gautier: "O desvario de abomináveis sectários destruiu em um dia o que devia durar séculos... Naturalmente, o feio tem horror do belo" (citado por Paul Lîdsky, *Les Écrivains contre la Commune*).

A máscara de Pierrô *contra* o rosto: a aposta e o lance são imensos. Pierrô, com a desaparição dos Funâmbulos, desaparece dos salões. É com dificuldade que Charles Deburau e Louis Rouffe conseguem manter sua aparência de personagem popular. Ao menos sob uma vertente, a causa é entendida, mas não é comum. A máscara branca não se dava senão como ausência de rosto, reverso dessas "cabeças de peão, golas encardidas, cabelos brilhantes, os palermas, os criadores de escargôs, os salvadores do povo, todos os descontentes, os desclassificados, os tristes, os traidores, os incapazes" (Daudet). Apagar os traços, caricaturá-los ao excesso (jamais preenchê-los), o anticomunalista se consagra com uma fúria que mesmo o ossuário jamais esgotará. Por que Pierrô cruza essa dolorosa configuração? Talvez porque um dia a brancura cometerá atentado à própria vida, ao desejo de um jovem aprendiz, e que a consequência dessa agressão faça naturalmente insinuar Deburau, desprovido do lado do valor moral. Valor? Mercadoria, de uso, moral ou relativo, ela sinaliza sempre uma guinada. Nesse caso, com Deburau, o invisível torna-se mestre na pantomima, invariante perigosa: ele se prolonga ao longo de uma linha ideal e mortífera que tende a cobrir o espaço de uma única entidade, rédeas soltas sobre o corpo comum.

Há em *Les Enfants du Paradis* [*O Boulevard do Crime*] uma força corrente bem pouco visível – linha mesma da fronteira – que atravessa o filme e o submete à tensão de um rapto: nós jamais veremos Baptiste, um Baptiste transtornado pelo espectro de Pierrô, exceto à luz do dia, exceto (mas então ele estará inquieto) no último plano em que uma multidão em festa o separa para sempre de Garance. Esta se salva para ainda uma vez permanecer aí, errante, fixa naquele fiacre que a conduz não interessa para onde, ela mais que todos, conduzida pelo nácar da imobilidade. O amor de Garance: "Sim, eu também, não importa onde, qualquer lugar e todos os dias e mesmo à noite, todas as noites que eu passava perto de um outro, todas as noites eu estava perto dele". Garance atravessa a multidão (o mundo) em silêncio. Paramento de silêncio, reserva pura de silêncio, indiana, propriamente intocável e virgem – palma de que se retira a luva, louca, enlouquecedora, diadema, oferenda mais transparente que o dia, mais lisa que a brancura de uma noite entre as menores declinações de um mundo que perdera o sentido da inclinação. Mundo sem homenagem. Garance ou a oblata desse tempo: casada nua, náiade congelada e órfã, semidescoberta no banho de um poço de feira, toalha e verruma insinuando-se sob os gritos do proclamador – forte de ser cofre, sem força de não ser saltimbanco, as unhas dormentes e inchadas do frio, infelicidade de porcelana... seduzida no plano inflexível de um olhar em um espelho.

Olhar que não é mais o seu, jamais o fora, não lhe será jamais devolvido: Garance beira o roubo – para não se desligar da luz que ela encarna. Baptiste a salva de um furto que ela jamais cometera, para ser, ele próprio, aquele em que nenhuma luz transita. Baptiste é como um mimo albino que a luz do dia fere e atinge cruelmente. O dia é irremediável para os seus olhos: loucura do dia. É noite quando ele sai dos Funâmbulos, errante nas ruas, esposando o assentar-se de um falso cego, trocando socos nas tabernas, impregnando-se "desta pressão indefinível da cidade adormecida. (De) esses silêncios de formigueiros paralisados (que) emanam da vertigem. Todas essas letargias (que) misturam seus pesadelos, seus sonos (que) são uma loucura..." (Hugo, *L'Homme qui Rit*).

Baptiste, Deburau. Mimos estanques, cores sólidas de carpas na corrente de uma multidão em sono, costumeiros de cabarés do *quartier* Du Temple: o Petit Jardinet, o Cadran Bleu, o Jardin Turc ou ainda o cabaré dos Deux Ours "instalado na esquina da Rua aux Ours em uma casa bojuda e decrépita", lugar de encontros dos mestres de armas, de professores de esgrima com bastão e de savate, homens de letras e vaudevilistas de espetáculos populares.

Objeto de uma ocultação primeira, indefectível, Baptiste/Deburau/Pierrô segue como um inseto uma linha obscura, ágil e distinta – sem fronteiras naturais. Ocultação puramente humana, indireta, fingimento incontornável que não poderia lhe retornar senão por contraste, ao contato dos homens de armas de Deux Ours. Kleist circunscreveu em *Marionnettes* o limite que eles não poderiam ultrapassar: a trajetória invisível da patada do urso, "a seriedade do urso contribuía para me desconcertar, as patadas e as dissimulações se sucediam, eu estava coberto de suor, em vão: não apenas o urso se esquivava de todas as minhas investidas como o faria o melhor esgrimista do mundo, mas (no que nenhum atirador o *imitará*), ele não condescendia mesmo às dissimulações, em pé, olhando para mim, fixamente, no fundo dos olhos, como se ele pudesse ler em minha alma, a pata erguida para bater, ele não se mexia se meus golpes não fossem realmente executados". A seriedade do urso, a abertura sem descanso do seu olhar, Deburau iria se servir disso, mas para se esquivar de (e dar) golpes inutilmente, para realmente fingir, para fingir a alma – para lhes afinar um fio condutor sempre desviado, sempre óbvio, fio tão fino que uma lâmina, a todo instante, poderia atravessá-lo ou traumatizá-lo se esta lâmina fosse até o fundo.

Tristan Rémy escreve sobre esse período da vida de Deburau: "Ele havia projetado acabar com sua vida. Uma longa temporada em um cabaré da Rua aux Ours lhe trouxera de volta o gosto da luta. Esta rua entre todas as mal-afamadas está sob a pluma de Jules Janin do mesmo modo que o nascimento de Deburau sob os muros de Varsóvia e que seus inícios como proclamador no Chiens Savants. Mas por que, justamente, a Rua aux Ours?" Para constituir um meio? Para aí operar como um corte de setor, a fim de subdividir os elementos iniciais de sua escolha mimética?

Mal-afamado, esse meio corrompido, próximo da decomposição, oferece-lhe apesar disso um plano de sustentação. As asas dobradas como de um morcego em repouso, a cabeça voltada para baixo, ele entalha deslocamentos quase imperceptíveis, a promiscuidade do lugar. Ele se esquiva para melhor desenhar. Ele sonda os chamados do ar entre as massas. Se ele se apoia em seu corpo escurecido ou avinhado, sobre dedos desajeitados ou inchados, sobre rostos azulados e eriçados, é para encontrar o meio de se distrair – de se desgarrar. Esse meio – mediano em suas errâncias – o autoriza a dar um corte seco nas relações diretas porque estas estão aí como por natureza estorvadas, desencorajadas, pervertidas (rompidas por todas as corrupções). Tudo parece acontecer como se o desejo de Deburau viesse a introduzir novamente na adega a corrupção mais fina, a mais inútil. Movimento que não ocorre sem repulsão, desgosto e horror. Estranho reencontro com uma lei do mimetismo animal e vegetal que Caillois descreve nos seguintes termos: "Esta assimilação do espaço é acompanhada obrigatoriamente de uma diminuição do sentimento da personalidade e da vida; é digno de nota, em todo caso, que entre as espécies miméticas, o fenômeno não se efetua jamais em um único sentido: o animal mima o vegetal, folha, flor ou espinho, e dissimula ou abandona suas funções de relações. A vida recua em um nível..." (*Le Mythe et l'Homme*). Esse recuo da vida – que é também uma espécie de avanço feito de recuos na vida – é acompanhado por um caráter fundamentalmente deficiente, "voltado para a imobilidade e o retorno ao inorgânico, que me parece o essencial do fenômeno" (op. cit.), manifesta-se por meio de escolhas miméticas de matérias em vias de decomposição, dissecados como o fêmur de gafanhoto que deve se harmonizar com a pseudonecrose da parte que ele esconde.

É aqui que se articula uma espécie de duplo fenômeno cuja aposta final é o apaziguamento desse desejo de estar entre todas as matérias, situado na intersecção de suas fissões e copulações, de suas conexões repentinas, surdamente refreadas, de suas ligas (ou alianças) indetectáveis. É próximo do suicídio que Deburau escolhe sobreviver, isto é, nesse caso, do mimo. E mimar é uma forma de sobre-vida luxuosa, esbanjadora, não evolutiva. Caillois, depois Vigmon, o observa: "O inútil e luxuoso mimetismo dos insetos não é aí senão pura estética, é arte pela arte, é cenografia, pesquisa, elegância" (op. cit.). Para a espécie mimética, a existência retorna ao *ultra-passar* no espaço, ao multiplicar os pontos de junção intensiva com o espaço indistinto que o envolve e a aí estar vivo (apesar de tudo), em toda igualdade. Ele o incumbe de se igualar àquele que lhe é por natureza indiferente (e tende assim a anulá-lo em sua própria diferença) e, portanto, a "assemelhar-se" bem de perto às forças inertes e inanimadas de uma matéria morta, necrosada ou mineral. Mimo na própria morte, mimo dos confins. "O vivo parece portanto um estranho espaço a quem o ultra-espaço dá existência." Nesse sentido, há um recuo da morte – e a Assombração é também um morto-*vivo*.

Viver mimo é também se igualar ao inanimado, sê(-lo) aí, igualmente, custe o que custar – mesmo se for ao preço de uma diminuição relacional – porque o desejo mimético não tem nenhuma função utilitária, que ele não se confunda com a necessidade, e que ele não se explique senão como uma esfera de extensão se decupando sobre e se soltando da integralidade do ser e do meio. Tornando-se anêmico até extrair uma diferença na contracorrente do inorgânico, do amorfo. O enigma se mantém nesse paradoxo que pretende o agravamento da inércia à proporção do esforço (a atração no movimento) de sobrevida mimética.

Com o mimo se reconhece o apogeu do igualitarismo.

Dissociação nascente de um mimo. É no mais perto da perda que Pierrô vai enxertar seus trapos alucinantes e suficientes para prosseguir. O ensaio do branco em um camarim, da corrupção no enfumaçado de um cabaré, o desenho (decidido) de uma ficção não permanece menos precário – dificilmente, sustentável. Des Esseintes, o herói de *À Rebours*, de Huysmans, alguns anos mais tarde, fará a extenuante experiência do surgimento da mimésis sob as formas do espanto: "Esta figura ambígua, sem sexo, era verde e ela abria em pálpebras violetas, olhos de um azul-claro e frio, terríveis... braços de esqueleto, nus até os cotovelos, saíam manchas em farrapos, tremiam de febre, e as coxas descarnadas estremeciam em perneiras, muito grandes [...] Havia diante dos olhos a imagem da Grande Vérole... Ele percebe, de repente, uma porta de taverna, com persianas pintadas em verde, sem fechadura, a empurra, toma seu elã e para.

Diante dele, no meio de uma vasta clareira, imensos e brancos Pierrôs faziam saltos de coelho, nos raios de lua... – Eu seria arrasado, pensava, e como para justificar seus temores, a série de Pierrôs imensos se multiplicava; suas cambalhotas preenchiam agora todo o horizonte, todo o céu que eles procuravam bater alternadamente, com seus pés, com sua cabeça..."

Elã e estupor, dissociação, multiplicação, cissiparidade, extensão da esfera: de um mimo se engendra uma miríade de mimos – veia de aspirações, vãs aparições, iluminações inseridas sob a touca de uma "Temporada no Inferno". Tudo está cindido, tudo se evapora sem transição, deixando lugar para "uma luz tranquila, branca, descorada, atrozmente calma, lembrando as luzes do fósforo dissolvido no óleo" (Huysmans, *À Rebours*). Recintos, os mais fortificados, reduções as mais escondidas, camarins os mais úmidos e desolados, a luz da mimésis pode se erguer – estendida do tédio vindo depois "que a ideia de Dilúvio se fez ponderada" (Rimbaud, *Illuminations* [As Iluminações]) – umidade universal pendente ao ressecamento da pele de Pierrô, tal como nesse retrato de Deburau, os olhos vencidos de não ter visto nada, pintado por Bouquet, o amante de sua mulher, intitulado: *Le Pierrot à la Balustrade*.

O efeito de neve? – título de um capítulo sombrio de *L'Homme qui Rit* [O Homem que Ri], de Victor Hugo, em que uma criança em apuros segue marcas de pés de uma mulher e, de repente, experimenta a ausência de pegadas. Pontada de dor, muda de uma infinita extensão. A criança percebe um respiro, uma voz murmurada, "uma sombria suplicação no invisível": "Subitamente... Tudo se torna plano, uniforme, raso, sem manchas, sem nenhum detalhe. Não havia mais que um lençol branco sobre o chão e um lençol preto no céu...".

A criança pressente a diferença, a onda lamentosa sensível até mesmo ao entorpecimento doloroso dos dedos. O ínfimo sobressalto roubado da morte, a palidez de um nascimento, redobrado, aí, entre os dois panos de lençol. A criança descobrirá o corpo de uma pequena garota e a conduzirá para longe do corpo da mãe morta de frio...

O efeito de neve? – Séverin, em seus *Souvenirs d'un Pierrot*, relata alusivamente quando fala da morte do velho Yacomo, que este ensinara os princípios da pantomima italiana a Gaspard Deburau, ou, como ele mesmo o diz, *os traduziu para ele*. "O velho Yacomo morreu em uma estrada de Bohème, perto de Praga, onde ele foi inumado... Eu poderia aqui... tratar com efeito de neve um quadro funambulesco de funerais do pobre ator ambulante..." Séverin se refere aqui a um capítulo do *Capitaine Fracasse*, de Théophile Gautier, no qual Matamore morre de frio e de esgotamento, por não ter comido o suficiente: "A fim de produzir efeito em Paris, ele diminuía cada dia sua porção, ele estava um magricela por causa do jejum, mais que um galgo depois das caçadas". Matamore encontra ou reencontra a morte em uma estrada varrida por uma tempestade de neve. Gelado e imóvel, apoiando as costas em uma árvore, seu florete imenso fazia um ângulo estranho com seu busto, seus companheiros o encontraram assim, como se o vento da neve tivesse agarrado sua magreza e o tivesse congelado ali (para levá-lo, para além). Para além de Paris? Para além dessa condição sem esquecimento, sem retirada do ator em que o papel age seguindo as forças de sua materialidade: "O hábito das caretas tinha cruzado as dobras horrivelmente cômicas, que o próprio cadáver conservava, porque é uma miséria do ator que em sua casa o óbito não possa conservar sua gravidade".

Mimos, comediantes, ambulantes... Risos, austeridade, risos sem austeridade: Matamore se armava de uma pedra em cada mão, enchia seus bolsos de seixo para lutar contra as borrascas, para dar lastro à sua vida.

Para não desaparecer sob seus papéis? E não existir senão através deles? Efeitos de neve: mesmo título de capítulo em Hugo e Gautier para uma mesma escansão, uma mesma reverberação ofegante e triste do universo.

Brancura de todos os atores? "As trevas abrigam tranquilamente os espantos, mas o horror branco se deixa compreender menos" (*Le Capitaine Fracasse*).

Ou brancura dos atos? O sepultamento mal percebido, a desaparição da cena que só se realiza mais tarde, a pesquisa, o apagamento de vestígios, a amortização de sons e barulhos, a voz vindo atravessar o espaço feito de flocos de neve, definindo a ironia mortal, a espera atrás dos bastidores da morte em cena.

O efeito de neve, o efeito mortal radicaliza a espera, repentina proximidade do horizonte que não se perde mais, porém, ao contrário, aproxima-se até tornar-se imanência: "O horizonte despontava em linhas brancas e não se perdia em fugas ao longínquo" (*Le Capitaine Fracasse*). O efeito de brancura propriamente dito, que constitui a essência de seu horror, resiste a essa remarcação de limites do mundo que vêm obstruir-lhe as linhas de fuga; o efeito aperta, comprime os corpos semelhante a montes de neve, até que o apertar despedace, deixe resplandecer o vazio precário sobre o qual repousa o equilíbrio de um cristal de neve. A extensão é nula, ela não tem nenhum efeito e não contra-efetua nada. O que advém através dela é, como o escreve Blanchot a propósito de Melville, "um espaço sem mundo", um espaço no qual nada mais possa de modo algum deixar traços – nem mesmo uma planta ou palavra, nem mesmo um gesto. Um espaço sem horizonte: e essa ameaça pesa sobre as duas vertentes. Tanto a obstinação pelicular da aplicação de um ruge sobre a pele de um rosto quanto a obsessão devastadora de uma caçada (através de todos os mares do globo) à baleia branca pérfida e cruel, cujos dons de onipresença são fabulosos.

Séverin fala do efeito de neve algumas linhas antes de lembrar a origem de Pierrô, pessoa sem ascendentes diretos. Muito rápido, ele precisa que Deburau interprete certos papéis com figurinos apropriados: *Le Billet de Mille Francs* como um trapeiro, o olho roxo, um quepe de polícia na cabeça; *Pierrot Marquis* como fidalgo de Luís XV, etc. Efeitos secundários, de segunda mão, de retorno. A solidão é cruzada e o mimo não é mais aquele que é ou age *como* o trapeiro, o marquês, o mercador de traje formal ou o supliciado, em vez disso, ele se tornou aquele que introduz (injeta) a mimésis (a inocência e o horror íntimos do branco) em um corpo social.

Próximo dos quarenta anos, Deburau se tornou, como o observa Rémy (Tristan, não Bernard), o único Pierrô do Bulevar. Mas, precisa, "ele passa por orgulhoso, ainda mais porque vive sem amigos, porque não tem amor... não é alegre em nenhum momento; parece atormentado, assaltado por preocupações, sempre alerta...".

Para que ele viva. O que se diz ser a *má sorte* — incêndio da cidade natal, partida de seus irmãos e irmãs, morte de sua mulher, de um de seus filhos (de cólera?), de seus pais, seus rompimentos amorosos — parece mais ser como o signo jamais indefinido de uma sempre possível retratação. Ainda mais urgente, a mimésis se furta a toda captura, a toda articulação, a toda ordem — semelhante a Moby Dick, a baleia, cujas fugas traiçoeiras inspiravam o espanto nos marinheiros que a perseguiam — a mimésis discreta de um lugar — aqui, o *quartier du Temple* que Deburau não deixa desde o dia em que se instala — se recolhe em um teatro, em um camarim, depois circula, vagueia, perambula, distancia-se sem mover um dedo, guincha em cena e faz a alegria das multidões. Tudo se passa como se as coisas tivessem dificuldade para se animar, para encontrar o espaço, para determinar distintamente sua função. Deburau? Figura ainda mais venerada e celebrada porque nunca está alegre; orgulhosa e servindo ao riso; impassível, mas interiormente violenta; sublimemente seca, mas o coração sempre à beira das lágrimas; muda sem isenção, mas objeto de escrituras múltiplas (ponto de escritura, ponto de costura): o auge é equivocado. Ri-se, de um riso inquieto, alterado, que evita com dificuldade a tensão que ele descarrega (*Mimésis Désarticulations*). A elegância única aí esboça um corte, resposta de uma delicadeza louca aos avanços e recuos ameaçadores da mimésis branca da qual uma das leis – a mais extrema – exige (ou quer) que aquele que esteja na espera suporte até o extremo sua deficiência para que o espaço sem mundo se *veja* preenchido.

> *Voyez! C'est nuit de gala*
> *Depuis ces dernières années désolées!:*
> *une multitude d'anges ailés, ornés*
> *De voiles, et noyés dans les larmes,*
> *Est assise dans un théâtre pour voir*
> *Un drame d'espérances et de craintes,*
> *Pendant que l'orchestre soupire par intervalles*
> *La musique des sphères*
>
> *Des mimes, faits à l'image du Dieu Très-Haut,*
> *Marmottent et marmonnent tout bas*
> *Et voltigent de côté et d'autre;*
> *Pauvres poupées qui vont et viennent*
> *Au commandement de vastes êtres sans forme*
> *Qui transportent la scène çà et là,*
> *Secouant de leurs ailes de condor*
> *L'invisible malheur!*

Ce drame bigarré! Oh! À coup sûr,
Il ne sera pas oublié,
Avec son fantôme éternellement pourchassé
Par une foule qui ne peut pas le saisir,
À travers un cercle qui toujours retourne
Sur lui-même, exactement au même point!
Et beaucoup de folie, et encore plus de Péché
Et d'Horreur font l'âme de l'intrigue!
Mais voyez, à travers la cohue des mimes,
Une forme rampante fait son entrée!
Une chose rouge de sang qui vient en se tordant
De la partie solitaire de la scène!
Elle se tord! Elle se tord! Avec des angoisses mortelles
Les mimes deviennent sa pâture,
Et le séraphins sanglotent en voyant les dents du ver
Mâcher des caillots de sang humain

Toutes les lumières s'éteignent – toutes, toutes!
Et sur chaque forme frissonnante,
Le rideau, vaste drap mortuaire,
Descend avec la violence d'une tempête,
Et les anges, tous pâles et blêmes,
Se levant et se dévoilant, affirment
Que ce drame est une tragédie qui s'appelle l'Homme,
Et dont le héros est le ver conquérant.[1]

---

[1] Vejam! É noite de gala / Desde os últimos anos desoladores!: / uma multidão de anjos alados, ornados / De véus, e nódoas nas lágrimas, / Está sentado em um teatro para ver / Um drama de esperanças e temores, / Enquanto a orquestra suspira por intervalos / A música das esferas / Mimos, feitos à imagem de Deus todo poderoso, / Murmuram e sussurram bem baixo / e voam de um lado a outro; /

São esses versos que compõem Ligeia, poucos dias antes de sua morte, morte contra a qual ela resistira com veemência, em seu desejo de viver – "de *nada* exceto viver". De *Ligeia*, o conto de Edgar Allan Poe, em que a imortal atravessa as soleiras de rigidez da morte, as soleiras de reencarnação sem vida da morte, para transparecer como duplo – duplo aumentado "aos olhos adoravelmente abertos".

Ligeia foi publicado em *The American Museum* em setembro de 1837.

Pobres bonecos que vão e vêm / Ao comando de vastos seres sem forma / Que transportam a cena aqui e a ali, / Agitando de suas asas de condor / A invisível infelicidade! // Esse drama variegado! Oh! Certamente, / Não será esquecido, / Com seu fantasma eternamente perseguido / Por uma multidão que não pode compreendê-lo, / Através de um círculo que sempre retorna / Sobre ele mesmo, exatamente no mesmo ponto! / E muita loucura, e ainda mais de Pecado / E de Horror fazem a alma da intriga. / Mas vede, através da multidão de mimos, / Uma forma rampante faz sua entrada! / Uma coisa vermelha de sangue que vem se contorcendo / Da parte solitária da cena! /Ela se contorce! Ela se contorce! Com angústias mortais / Os mimos se tornam seu pasto, / e os serafins sangram ao ver os dentes do verme / Mastigar os coágulos de sangue humano / Todas as luzes se apagam – todas, todas! / E sobre cada forma comovente, / A cortina, vasto pano mortuário, / Desce com a violência de uma tempestade, / E os anjos, todos pálidos e brancos, / Se levantam e, se revelando, afirmam / Que esse drama é uma tragédia que se chama o Homem, / e cujo herói é o verme conquistador. (N.T.)

A morte
do mimo

Fim de julho de 1836, Deburau faz seu retorno aos Funâmbulos em *Jack l'Orang-Outang*. Em 18 de abril de 1836, ele havia matado com uma pancada desferida com uma bengala o jovem aprendiz Nicolas Florent Vielin, que, sem motivo aparente, havia insultado a ele e a sua mulher durante uma caminhada no norte de Paris.

Desde muito tempo, encontrava-se em preparação uma pantomima, cujo título estava decidido: *Pierrot Assassin*. O homicida se inscreve durante esse tempo de preparação? Ou fora desse tempo? Teria sido ele tomado em sua trama ou rompido com ela?

Ao se ler o *Jean Gaspard Deburau* de Tristan Rémy, uma sombra parece pesar sobre o destino do mimo, sombra que se percebe não abandonar Deburau, da qual ele jamais fica, de algum modo, livre. Como se efeito de neve, efeito de frio, na experiência de nascimento de Pierrô, o branco abrigasse qualquer outra coisa exceto ele mesmo: um tempo cego, uma lucidez aguda, um corpo morto, pontiagudo como a extremidade de uma bengala. Tempo acanalado de onde deriva o sustento (a bengala ajuda na caminhada), e o efeito segundo de uma deriva, um derivado: a bengala dificulta, a bengala como crivo da morte – aquela que interrompe a caminhada.

A bengala faz Deburau cambalear: "Quando o mimo descobre que o estado de seu agressor é alarmante, ele cambaleia...";

a bengala mortífera, instrumento desatrelado de todas as instrumentações da pantomima, a bengala muda que martela o sol no ritmo de passos, mas sempre para precedê-los (ameaça sempre possível em tal defasagem).

Diante da morte completa, Deburau cambaleia (Barbarani ficaria louco) – ele cambaleia sob o duplo insulto: Vielin o trata por palhaço, por acróbata ruim; a sua mulher, de puta e de imunda; além de cuspir em sua direção. Tal é a violência insultante da cusparada que manifesta a enfermidade real, sem reciprocidade de um a outro, da palavra ao corpo. Duplo afogamento que não termina de se manter sob a superfície, nascimento depois do nascimento, como uma medusa ou como um verme. Um mimo reencontrou a morte. Boêmio que mata um jovem trabalhador dono de um corpo preciso, o qual descreve George Sand: "Era um raquítico, dessa raça particular dos *faubourgs*, ativo, debochado, ao mesmo tempo débil e forte, frívolo e terrível, de compleição frágil, pálido e febril...". *Gavroche*,[1] de algum modo, o corpo do "Paraíso", o corpo desalojado, errante que tomba com o fracasso – aquele que se apressava nos Funâmbulos, vindo "se contorcer na parte solitária da Cena" ou fora de cena, fora do teatro, até a rampa.

A morte de Vielin por Deburau é o reencontro extremo de um corpo insustentável, arrogante e mutilado, de compleição frágil, e de um corpo *espalhafatoso*, barulhento – lia de corpo que faz ofensas. Corpo canalha e o morto se dobra e flui como a dor de uma bengalada sobre a têmpora, destinada a realizar o silêncio...

O que Deburau perdeu nesse dia, naquela hora, nos caminhos que atravessam Bagnolet, foi a maneira – a maneira de realizar o silêncio (até o Paraíso). E o que ele atingiu – coisa inominável que

---

[1] Designa jovens de Paris, desafiadores, insubordinados. (N.T.)

ele pressentia, sabia ser – foi a grosseria, a falta de modos, a pancada de "sem", exangue, que vem até a cabeça, faz ver duplicado, faz tudo calar-se, a palavra do silêncio compreendida.

O mimo afrouxa em sua arte – loucamente, como o afrouxar de uma corda no vazio –, não discerne mais os contornos da "degradação" suscetível de provocar riso e cegar diante de uma degradação suscetível de fazer morrer. Ele bate sem corpo, para além do corpo, em estado de não paixão do corpo – por meio do horror do duplo, ele que, em cena, passava de desdobramento em desdobramento, mina ou mimo de nada.

Vielin foi a aparição, o duplo perfeito: mais perfeito que Deburau, mais perfeito que Pierrô. Ele foi o duplo terceiro, interventor que não poderia deixar de sair de cena e de se erguer sobre sua estrada. De onde vinha? Que ruas percorreu? Quais caminhos poeirentos? Em companhia de quem? Em qual estado de corpo e de alma? Cansado, triste, decepcionado, excitado, ou feliz sem razão, irritado sem razão? Sujeito da história, corpo estranho à história, ele se aproximava para se intercalar, sem prevenir, sem prevenção... "O que o senhor quer de mim? Devo alguma coisa ao senhor?", terminará dizendo Deburau. O sujeito não poderá ser senão menosprezado, sob o porvir de um desprezo inquieto.

Mas, no momento, nada mais poderá se interpor: a reciprocidade desigual é absoluta. A força do golpe é sem importância, ela é mortal.

Os *experts* da medicina afirmarão: "A pancada provocou uma contusão no cérebro e hemorragia. A clavícula foi fraturada... A constituição particular da vítima e a fraqueza extrema dos ossos do crânio devem ter tornado mais fáceis a contusão e as outras lesões observadas no cérebro".

O mimo abandonará Vielin atrás de si, não dará socorro. Ele cambaleará mais tarde, quando um testemunho lhe informa que Vielin havia sido mortalmente atingido, corpo espancado, fendido...
Se a operação do Mimo "ilustra somente a ideia, não uma ação efetiva... aqui devassando, a rememorar, no futuro, no passado, sob uma aparência falsa de presente" (Mallarmé), o abandono aparece como o último sinal de fidelidade a essa aparência falsa de presente: o ato mais tarde efetivamente se realiza. Mas entre-tempos, Deburau não assistirá à morte de Vielin, não assistirá a Vielin morrendo; um excesso desabou – está perpetrado. Obrigando – o gelo sendo quebrado – o corpo a verter na experiência de despencar do tempo (passado, presente, futuro caem como finas lâminas); na secura desse golpe, é uma recaída de todos os modos de tempo que se faz: condensação extrema de uma chuva de golpes em que o ato efetivo, único, agarra o corpo vazio com um abraço vertiginoso. Réplica natural repentina, deslizamento agudo e elevado que corta os apoios sob o corpo – a grama sob os pés. Permanece Laloque, "Pierrô trapeiro munido de sua lanterna, de seu balde de carvão e de seu gancho para revirar a via pública", na sequência do *Billet de Mille Francs* (1838), em que o espaço, revirado de superfícies, amontoa estas como uma pilha de roupas sujas, amarrotadas, amarfanhadas, em dobras impossíveis de passar a ferro. Uma página é virada, definitivamente... ou quase: no intervalo, duas instâncias são conjugadas.
De um lado, a instrução do processo, a detenção de um mês em Sainte-Pélagie e, depois, o julgamento, reconstituem os membros de uma outra ficção: "O juiz de instrução depositará rapidamente seu relatório na Câmara do Conselho de Magistratura que

encaminha Deburau diante da Câmara de acusações da corte real, preso em virtude de mandado preventivo por agressões voluntárias tendo ocasionado a morte, mas sem intenção de provocá-la" (Rémy). Prisão de corpo efetiva, efetuada pela justiça, os *experts* da medicina e o exército (sob a forma de uma petição assinada por 309 oficiais, suboficiais e soldados do batalhão da guarda nacional à qual Deburau pertencia) vêm diminuir a gravidade do fato e socorrer o corpo cambaleante do mimo...

De outro lado, alguns dias após a absolvição, Michel Bertrand, o diretor dos Funâmbulos, oferece para Deburau renovar seu contrato, com condições jamais colocadas até então. Dupla instância que recupera os que caíram em excesso (da morte) e os repartem no meio da economia de uma gestão: "Alphonse Karr conta que Deburau não sorria durante o dia a fim de nada desperdiçar de sua alegria da tarde" (Rémy); mas que não acontece sem alterar a economia do gesto do mimo: "Essa morte diminuirá sua atuação e congelará de antemão seu já congelado riso" (Rémy).

Contragolpes no mesmo espaço: sobre o palco que quase nada separava do auditório, o ar falta, o desvio do fôlego se vê anexado; e essa zona de fino silêncio que sinaliza a raridade do mimo – zona de entrelaçamento e de redesdobramento: captação réptil – estiola-se, tosse, esfalfa-se. Tal é o mal-estar mimético: uma decepção insuperável, uma parede de vidro quebrada sobre as superfícies internas do organismo, passagem da censura para a desmesura do branco.

Pierrô Deburau se apaga. A primeira pantomima macabra assinada Cot d'Ordan – *Marchand d'Habits* [Vendedor de Roupas] – será interpretada por Paul Legrand. O argumento será resumido assim pela comissão examinadora da direção de belas-artes do Ministério do Interior que autoriza a representação: "Pierrô, expulso da casa de seu mestre, onde ele havia sido seduzido pelos encantos de uma duquesa, mata um vendedor de roupas a fim de posar e de fazer a corte para sua bela. Ele a conduz até o altar, quando o espectro do vendedor de roupas aparece e, envolvendo Pierrô, o mata e o lança em um abismo" (Rémy).

Tudo gira com esse retorno dos espíritos: as cabeças, os corpos, os pisos e as mesas. Durante esse período, há uma espécie de loucura magnética, estigmatizada por Champfleury e Gustave Doré, que parece mergulhar em uma noite sem olhar a luz desses dias. A cena final de *Marchand d'Habits* é vertiginosa – pior que uma gravura de Ensor: "No último quadro, Pierrô obtém a mão da duquesa e a conduz ao altar. Então, o cadáver do vendedor de roupas surge do buraco do ponto de palco, logo depois de Pierrô, o envolve e, em seus longos braços descarnados, o conduz enlaçado ao som dos órgãos para lhe trespassar ao mesmo tempo que valsa, com a ponta do sabre que sai de seu peito" (Rémy).

Quadro ao qual o último ato cênico de Deburau opõe, mas com uma sublime ausência de violência, com a fineza inefável do lento desespero, o gesto incomparável da banalidade: "A tela se ergue com lentidão. Deburau aparece com seu figurino branco de noivo, um buquê na botoeira, uma bela moça nos braços... [Ele] coloca simplesmente a mão sobre seu coração, abaixo de seu buquê de noivo; uma lágrima escorre sobre a farinha de seu rosto" (Champfleury).

Trata-se das *Noces de Pierrot* [Núpcias de Pierrô], encenada três tardes seguidas, até que Deburau cede, extenuado.

"Não me espere esta tarde, porque a noite será em preto e branco."

(Gérard de Nerval)

A falsa aparência de presente: roedora afirmativa – mimésis.

A exatidão do gesto de Deburau visava levar o inimitável ao inferno das versões – inferno do mundo que deixa suas mensagens muito tarde ou muito antes, seguindo sua incontrolável indecência. Anuncia-se a morte de Deburau antes que esteja morto – de tal modo que ele pode lê-la, apreendê-la e vivê-la. É anunciada lembrando uma queda que ele havia sofrido nos "porões do teatro" e da qual ele havia negligenciado de se tratar. Pierrô e Deburau morrem duas vezes, os olhos de um no intervalo dos olhos do outro, flutuantes: eles se veem, chiando, o sopro de sua morte, "sopros" ao seu ouvido que já é tempo de morrer. Ora, Deburau morreu alguns dias mais tarde, como lembra Champfleury, da asma que o oprimia havia anos...

É aqui que a vertigem excede: qual impossível (da) verdade se jogará nesses dispêndios de ironia? O jogo insensato da mimésis não se comprazeria senão em produzir ironias do destino, enunciados em abismo? Marcando fora de propósitos lapidares o curso de uma existência. Os *Journaux* o inscreverão sem recurso: "Deburau está morto com todo conhecimento de sua situação". Formulação que faz o vazio sobre ela, em que desaparecem corpo e alma de Deburau, duplo que não era imagem de Pierrô.

É possível trançar um nó rapidamente?

Sair da ironia? Eu não sei, o dia acabava, talvez. O canal Saint--Martin estava bem próximo. As ruas são estreitas e apertadas nesse lugar. Bom tempo, quando chove ao longo do canal. A calma está no cais. Quem morria mesmo?

"Não parece duvidoso que o anúncio prematuro da morte de Deburau, o Pierrô dos Funâmbulos, tenha sido em favor de alguma coisa no acontecimento real que a seguiu", escrevia Charles Maurice em 20 de junho de 1846, dois dias depois da morte do mimo. Este último residia no 28, *faubourg* do Temple. Bem perto do cais de Valmy. Simplesmente, nenhum dos literatos ou críticos teatrais que o haviam conhecido lhe fizeram visitas durante seus últimos dias nem assistiram a seus funerais.

O que é a imortalidade? Potência de inversão? De conversão? O indestrutível fora-aí (*Horla*) do morto e da sobrevida, do silêncio e do grito? Com o homicídio de Vielin, Deburau havia caído na vertigem fulgurante e sem mácula de valores refletindo valores em que as versões giram, giram como o leite, como a força aspirante de um sifão. Pierrô descola do corpo de Deburau, flutua, vaga entre duas águas, tece no tempo sua trajetória de *réplica* imortal. A árvore-do-céu, o que emana de um paiol, do corpo enterrado. O elã da réplica, ao diálogo desigual e injustificado "assim se existem réplicas, da mesma forma que os sólidos, mas que, por sua fineza, se distanciam enormemente de corpos aparentes. Com efeito, nada impede que ele se forme no envelope dos destacamentos que sejam de tal modo, nem de proprietários que permitem a produção de vazios e de fins, nem de eflúvios que conservam exatamente a posição e o equilíbrio que eles tinham sucessivamente no sólido. A essas réplicas, nós damos o nome de ídolos" (*La Lettre*, de Epicuro).

Desse silêncio repentinamente inválido, que deixa sem réplica a ronda fantasmática de descendentes, quais trapos vão se soltar? Quais movimentos de língua sob a capa do camisolão?

Fantasma de Nesso, o centauro barqueiro – o equilíbrio alcançado uma vez vale por todas as vezes. Pierrô/Deburau permanecerá anterior, precedente fazendo jurisprudência. Repetindo o "deplorável" de Baudelaire, ele compõe, seguindo a expressão de Sartre, "uma obra mórbida" que, ao mesmo tempo que nos fascina, se desfaz sob nosso olhar, cujo cerne "está nessa inconsistência que não lhe permite de modo algum se colocar em si" – nem mesmo o tempo de uma vida, breve nesse caso. Sartre acrescenta que "a partição vibratória" de uma tal obra nos deixa diante do horror puro (*L'Idiot de la Famille*). Pierrô morreu. Pierrô se perdeu. Perda seca e corrosiva. O camisolão repousa no chão, espalha-se, como a túnica de Nesso, na superfície promissora de fidelidade e de saber mágico, em profundidade, filtro envenenado e causa de queimaduras atrozes. Nem todas as vidas de Pierrôs que sucedem a Deburau são trágicas, mas a linha fictícia, imaginária, que elas traçam, se apaga lamentavelmente, se essa palavra pode ser entendida nisso que ela abrange de lamentação muda, de esforço capturado e vitrificado, de movimentos de lábios ou de mãos pronunciados em um aquário de pó seco. Entre 1846 e 1914, a pantomima persiste, tem sequências. Não obstante, ela atinge a superfície com dificuldade; ela muda o lugar da aparição e de simulacros. Essa estabilidade impossível reencontra suas causas internas, inorgânicas, em que o corpo se esgota. Quando o camisolão é enfiado, o mimo se vê restringido a suportar *impunemente* o suor dos órgãos que o regelam: suores frios ou ardentes, febres em que se consome e se opera a anulação de um corpo; violências da impunidade que não podem não se pagar com um retorno eruptivo ou com um fluxo dissolutivo. Graxa ácida tratando os couros e as peles ao avesso. Os descolamentos repetidos, em que se confessa a tentativa de arrancar idealmente o gesto do peso real, calcificando-se e se descamando em reincidências de infelicidade que nenhuma natureza (mesmo a natureza) pode recolher. De mortos em renovação, a pantomima não cessa de se amarrotar, ruga árida. Visto que, em sua origem, o camisolão era imaculado, concebido como tal. O *Marchand d'Habits* (1842) de Cot-d'Ordan dá um argumento para a pantomima, mas conhece o insucesso. O argumento será retomado, o sucesso/insucesso, aleatório.

Paul Legrand, em colaboração com Charles Bridault, o intitulará de modo diferente: *Mort et Remords ou les Inconvénients d'Assassiner un Marchand d'Habits Grêlé* [Morte e Remorso ou Os Inconvenientes de Assassinar um Vendedor de Roupas Bexiguento]. Morso ou remorso? "Por que bexiguento? Ignora-se", pergunta e comenta Tristan Rémy (*Histoire des Spectacles*, la Pléiade). Crime contra a brancura bexiguenta – de pancadas, desferidas contra o branco. Bexiguento? Marcado pela varíola; desfigurado ou devastado pela bexiga (esta chuva que, sob o efeito do congelamento, despenca em grãos ovoides); mas também, por assim dizer, de uma extensão excessiva, magreza, mantendo-se com dificuldade sobre as próprias pernas: mimo bexiguento como uma serpente, perdendo a fineza de seu granulado. A herança de Deburau não deixa haveres. O proveito é inversamente proporcional ao perfil, cujas características Hacks enumera sem distanciamento possível em uma descrição seca como uma palavra de constrangimento:

"O Pierrô deve ser dolicocéfalo por causa da touca e das perucas, seu ângulo facial o mais próximo possível do ângulo reto, a fronte elevada, aprumada, os cabelos raros, o nariz longo e reto, a boca larga, a distância subnasal-queixo tão enorme quanto possível, com um ligeiro grau de prognatismo, a orelha pequena, tanto a dentição como a dentadura devem estar impecáveis, o olho preto e grande, um pouco redondo e sobretudo sem estrabismo, a sobrancelha tão pouco acentuada quanto possível, o rosto vigorosamente atado a um pescoço delgado mas pleno. Inútil dizer que em hipótese alguma Pierrô pode ter barba; todo sinal na pele e toda marca sobre a face lhe são absolutamente proibidos".

Manta religiosa com um queixo longo e avançado para a frente. Ângulos retos para uma superfície lisa. Nem uma única expressão granulada. Eis descrita a máscara mortuária feita a partir da própria vida de um rosto, captada antes do nascimento – figura "comprida e vertical como uma forca" com os efeitos suspensos, em que o rosto deve desaparecer vivo. É esse *Pierrot, Valet de la Mort*, de Champfleury, pantomima dita realista, seguida de um *Pierrot Pendu* atuado por Paul Legrand (ou ainda *La Corde du Pendu*). Do Pierrô valete, Nerval escrevia que ele assumia os cadáveres, Nerval que atravessou a Europa para estudar a pantomima e que, uma noite, se suicida por enforcamento.

O desejo poderia ser de classificar os traços do mimo, de lhes desenhar os contornos e de lhes descrever a história, mas o fio se une como um laço, a garganta se fecha, o texto falta. A noite caiu, a caça se enfia em seu buraco, uma mancha em um muro, a forca se sobreposiciona ao itinerário: Deburau, Pierrô, Nerval, Baudelaire... o impasse reverbera nomes; as pancadas são surdas, a única unidade vasta, presa solitária traz o nome de uma cidade, Paris, capital em que os tempos coincidem geograficamente sonhados acordados... Butor cita, em seu *Essai sur un Rêve de Baudelaire*, o testemunho de Catulle Mendès, o autor do *Docteur Blanc*, o amigo do mimo Séverin. Baudelaire passa a noite na casa de Catulle Mendès. Entre os dois, prossegue uma longa conversa... cujo fim se perde com o sono, o corpo do dia.

"De repente, mais de uma voz contida, quase desarticulada, uma voz confidente [Baudelaire me diz]: 'Você conheceu Gérard de Nerval?... Ele não era louco... apesar disso, suicidou-se, ele se enforcou. Você sabe, na porta de um prostíbulo, em uma rua infame.

Por que ele escolheu, decidiu morrer, a vilania desse lugar e de um trapo em torno do pescoço?... Oh! Não é? O senhor dirá, o senhor dirá a todo mundo que ele não estava louco e que ele não se matou, prometa-me dizer que ele não se matou'. [...]
Eu prometi tudo... Ele parou de falar... de repente deu um soluço, surdo, contido, como um coração que estoura sob um grande peso. E ele não teve nada, exceto um único soluço...
Quando acordei, Baudelaire não estava mais lá..."

O Chiffonnier Laloque – a língua, o trapo da língua, o retorno através do qual a língua toma o corpo "na porta de um prostíbulo", na soleira de um prostíbulo, e o apaga nos únicos atritos de dobras. Miséria do corpo – sua detenção –, errância do corpo diante desses momentos que ele talvez não quisesse. Cilha para conter o nervosismo e o esgotamento, a recusa dessa desigualdade que vai estilhaçá-lo, ele próprio, antes de qualquer outra coisa. O corpo sofre em ser afásico diante da força determinada de um suicida, isto é, de seu encaminhar-se para a morte. Riso ou lágrimas, soluço ou riso enlouquecido: "O riso de seus lábios é o sinal de uma tão grande miséria quanto as lágrimas de seus olhos" (*L'Essence du Rire*). É aqui, desmesuradamente, que a surdez das narrativas do corpo marcava os destinos dos homens desse tempo; é aqui que não se pode senão justificar que cada um saiba as tramas em que o corpo sustenta seu pensamento. "Comédia do músculo", como diz Decroux, ou drama do músculo, o essencial se inscreve aí: a questão de viver se desdobra em admitir que o corpo tem sua palavra a dizer quanto à capacidade de resistir de uma existência. O corpo suporta tudo do mundo, até a rigidez do cadáver. Corpo/corda que se estende e depois se solta. Sem cessar, retornando.

Baudelaire, tradutor de Edgar Allan Poe, é o único a destoar no concerto de louvações pronunciadas no que concerne ao mimo durante os anos de 1830-1850. O único a não ser ofuscado por sua brancura. Tudo se passa como se ele percebesse ou pressentisse a forma em contornos ainda indecisos, mas indizivelmente pontiaguda, ameaçadora e mortal, que desponta sob a palidez lunar. Que figura se ergue aí, depois da calcinação, depois do incêndio e que atinge o olhar vazio, encolhido na escuridão? A mola mestra do sistema – o real ou a coisa do mundo moderno – fantasiado, mas já fora do mundo, a gola para o infinito, o patíbulo, a forca, a ignóbil ossatura que singulariza o fim. *Le Chat Noir* [O Gato Negro] de Allan Poe traça-lhe o reaparecimento: "Minha mulher tinha me chamado a atenção mais de uma vez sobre o caráter da mancha branca da qual falei e que constituía a única diferença visível entre a estranha fera e aquela que eu havia matado. Essa marca, embora grande, era primitivamente indefinida em sua forma, mas lenta e gradualmente – por gradações imperceptíveis... Possuía em seu longo comprimento uma rigorosa clareza de contornos. Ela era agora a imagem de um objeto que eu estremeci ao nomear... a imagem do PATÍBULO: – Oh! Lúgubre e terrível máquina de Horror e de Crime – de Agonia e de Morte" (*Nouvelles Histoires Extraordinaires*).

Recuo – aí onde o corpo encontra seu poder, sua liberdade de morrer, ao recuar diante do que lhe damos a resistir mortalmente. Lento início vindo do fundo dos tempos, jamais articulado suficientemente, jamais convincente. Toda figura da morte é estranha ao corpo. É desse estranhamento que o corpo tira partido, em silêncio, "ao fazer traço na linguagem", complementarmente excesso inimitável, alongamento mimético que é preciso nomear a sobrevida.

Morte-temporada

Por gradações imperceptíveis... gradação que importa mais que a própria figura. Ela constitui o aporte singular de Deburau para a pantomima – que os mimos ingleses, por um estranho efeito de inversão, retornaram sem passar por uma transição, levando uma gilhotina para a cena, permitindo-se assim não perder a cabeça sem estar assegurados de antemão de ter os bolsos forrados. A morte de Deburau e o apagamento da pantomima como gênero não coincidem temporalmente. Ao contrário, a desaparição do único Pierrô enseja um campo de novas gerações de mimos, seu filho Charles sendo o primeiro. Mas seus esforços, hiperbólicos, parecem se perder ao longo de uma linha de fuga, cujas temporadas tomam os nomes de: Mimo realista, Pantomimo de inspiração, Pantomimo de estilo... para se reduzir ao axioma de Georges Wague: "O mínimo de gestos corresponde ao máximo de expressão". Pele de onagro em que o espaço do mimo se estreita (mesmo se ele tenta multiplicar e diversificar seus lugares de prestação), a ponto de, um dia, reencontrar aquele que, leitor de Hugo e de Baudelaire, retornará ao tipo que, no caso, um passo aquém de seus avatares "dele ensinam a arte de não fazer gestos e a maneira de não fazê-los" – qual seja, Étienne Decroux.

Singular, a experiência de Deburau permanece incomunicável. Aqueles que seguirem – ao tomar a ilusão da tradição (efetiva), cujos contornos e os cernes não bastam para produzir a fórmula – se aplicarão não sem grandeza a cruzar até o impossível camarim do mimo – sem deixar para trás de si senão uma força de barqueiro. Escritor, à sua maneira, o *Récit du Délogé* que nomeia uma novela de Caillois começa por estas palavras: "Eu nunca imaginei que se pudesse realmente ficar despersonalizado. Nem uma vez, a ideia havia me passado pela cabeça...", e onde não cessa de recuar o limite de uma individuação: "Nós nos cortamos (as unhas e os cabelos) sem alarme nem sentimento de automutilação. Que eles continuem um certo tempo a resistir depois de nossa morte os dissocia ainda mais de nossa personalidade..." (*Le Nouveau Commerce*, verão-outono de 1969).

Uma prolongada despersonalização

Os números inscritos de preto sobre o branco na superfície de dados lançam a desigualdade como destino. Ninguém poderia repetir a combinação (toda envolvente), dado cintilante abolindo a si próprio, interrompendo a série no momento em que ela o instituía: os Pierrôs ficarão presos a isso, puros emblemas nas ruas, objetos figurativos de carícias e doçuras... Pierrôs glutões, Pierrôs empertigados, ornando o vazio do atrativo inicial, *conscienciosamente*, de feições aduladoras: código de uma tradição difusa que faz falsas dobras inflando-as... De fato, se o lance era reinterpretar, seria preciso desempenhá-lo a partir de um "planeta totalmente diverso" – não mais satélite, mas terrestre. Foi o que fez Decroux. Os outros puderam apenas se acomodar à primeira superstição, sem conseguir senão entreter, sem entrever que, nesse antro, a ruptura pregava em carne viva "o espírito do corpo" de um estado de guerra... a derrocada e a retração sob o inflar, o assobio das trajetórias, a violência no ar... o destemporizar.

Paul Legrand, Kalpestri, que duplica Charles Deburau incapaz de desempenhar todos os Pierrôs do repertório, Alexandre Guyon e outros mais, todos esses mimos assinam e acusam o desvio, quando a pantomima se desagrega e decai, se enfraquece numa consumação gradual. Um refinamento se perde. "Um tato de experiência", seguindo a expressão de Michelet, bem fina, bem clara, passa pelo ás e termina se granulando: um atua grosso e sujo, o outro, precioso e charmoso. "No que diz respeito a fineza e elegância, Charles Deburau era inigualável", dizia Rouffe, embora admitindo que havia nele menos intensidade do trágico que em seu pai. Kalpestri entrava em cena com um urinol no qual ele havia de antemão misturado chocolate com água, colocava as mãos dentro do urinol e as retirava cheias, e se lambuzava o rosto, o que Séverin, exagerado e severo, comenta nos seguintes termos: "Se alguns grosseirões de sua natureza gargalham de suas ignomínias, a maior parte do público o vaiaria. Naturalmente, além disso, ele seria um camarada desagradável". O desejo de Kalpestri de não mais girar em torno do pote, retrógrado, mostra que a tarefa se tornaria interiormente impossível (mancha cega). Exceção feita, talvez, para Rouffe.

Épierrer Pierrot[1]

Um recrutamento em Alcazar de Marselha retira Louis Rouffe de uma vida circense e nômade: "Deburau deve ter tido a mesma impressão que eu, no dia em que, deixando sua tropa nômade, entrou para os Funâmbulos em Bertrand; estou convencido de que essa passagem da miséria errante a uma situação segura e fixa fez do saltador de corda, do acróbata, o Pierrô histórico" (citado por Hacks).

Antes de Alcazar, Rouffe atuava em um café de Marselha, frequentado pelos marinheiros de licença, o café Vivaux. Chutes, cambalhotas, foles, apoteose grotesca, fogos de artifício: esse suplício, como o escreve Hacks, dura um ano. Mas é aí que ele descobre a *mímica*. François Pradaille, quase seu parente, ébrio, velho marinheiro, tendo navegado no Oriente, desertado na Sicília (a Sicília como metáfora atua muito singularmente na história da Pantomima), foi seu primeiro professor. Pradaille poderia lembrar esse velho marinheiro excêntrico interpretado por Michel Simon em *L'Atalante*, de Jean Vigo. Sobre as filmagens do longa-metragem, Boris Kaufman relata que ele a havia feito em quase constante improvisação: "Utilizava-se de tudo, o sol, a lua, a neve, a noite. No lugar de combater as condições desfavoráveis, tirava-se partido delas" (citado por Sadoul)... Simon, o marinheiro, entre

---

[1] "Desempedrar Pierrô", trocadilho do original. (N.T.)

todos esses elementos, permanece o mais anfíbio, tatuado dos pés à cabeça, extra-mundano do fundo do cais: um passo além do trabalho, o homem de todas as descobertas. Pradaille é o amigo de Rouffe. Ele o aconselha. Ele lhe relata o que, na longa travessia, ocorre como "uma energia sem peso", desfraldando suas dobras nas ruas, sobre os lugares de mercado, nos portos e no centro das cidades, seguindo as redes quase imateriais em que se agitam os efeitos de língua. A mímica é como o chicote de um gesto ou de um movimento. Ela os estria instantaneamente em uma linha sem promessa de uma inflexão do tempo – quer seja de labor ou de graça. O que ela traçou não é imediatamente visível. É a propósito de Degas que Valéry lhe desenha precisamente a natureza: "Um desejo apaixonado pela linha única que determina uma figura... figura surpreendida em sua dobra a mais especial, em tal instante. Jamais sem ação, sempre expressiva... [combinando] a instantaneidade e o labor infinito no ateliê, encerrando-lhe a impressão no estudo aprofundado..." (Degas, *Danse Dessin*). Entre o estável e o instável, a mímica, soberana negligente, enruga o corpo, estica-o, belisca-o ou o lasca, o descasca ou o espanta. Ela caçoa ou franze um excesso de cansaço... ela nuança sem alterar o princípio. Ela tem o gênio da situação... incessante ação de granadas... Simon o excêntrico imprime assim suas garras no espaço de Atalante, única pessoa realmente ágil do filme. Ele apavora e seduz. Sempre a ponto de tudo inverter, de marcar a partir de um desejo real o que se enuncia como uma narrativa, mas, de antemão, sempre divagante. Do humano. "Do humano entre as pessoas pobres. Nada de cristais fazendo sons na toalha. Esfregões pendurados. Panelas. Banquetes. Pão. Um litro. Lampejos tímidos na semi-obscuridade acrescida pela névoa do rio" (Élie Faure, *Sur l'Atalante*) e esses marulhos, na superfície, na profundidade...

Com Rouffe, ao menos pode-se supô-lo, a situação estava preparada – como se dirá de uma mesa – simplesmente, segundo uma *mise-en-scène* reduzida, para a economia, em uma toalha. Aí, as mímicas mais cheias de caretas, as mais exageradas, podem parecer portadoras de uma força de abstração e de retratação que vem atenuar o peso de uma cena. Indiferentes a quão pesado pode ser um lugar, elas se refletem no espaço quando Pierrô sai da luz de seu sonho e se põe a sonhar ele próprio – concretamente. Em seu *Pierrot Dentiste*, Rouffe cria um Pierrô em roupa negra – em um libreto de Horace Bertin.

"Primeiro quadro. Interior de Cassandra. Cassandra tem dor de dente. Grande agitação na casa. Chama-se todo mundo em socorro. Pierrô, espantado com o barulho, acode. Ao passar próximo do muro, ele deixa cair de uma panóplia um enorme sabre, perde completamente a cabeça, agarra o sabre, executa molinetes que colocam todo mundo em fuga e que, no momento em que, por sua vez, Cassandra vai se salvar, a atinge na mandíbula e da ponta do sabre faz-lhe saltar exatamente o dente que lhe causava sofrimento... Imediatamente, tudo termina..."

Essa extração valerá para Pierrô seus títulos de grande dentista, permitindo-lhe estabelecer-se em Paris, no terceiro quadro, vestido de preto, com gravata branca. Hacks destaca que agora a arte da pantomima torna-se em Rouffe uma arte de observação, estudada e aguçada. Abraçada de novo. Dente preto do sonho: se a observação se aguça, não é que a dor se aviva, retorna à superfície, epifenômeno de um problema assustador? "Pierrô coloca em execução seu sonho", o mimo não se torna mais que mímico, a abstração a mais cruel, uma arte de sintomas. Rouffe, doente, morrerá jovem (36 anos). A observação, o pôr-se em observação desabava em sua vida como ordem para parar de trabalhar, que o afastaria da cena durante meses. A consciência que ele investe para construir o Homem branco o exposava do tempo inconsciente, como o escreve Hacks, prefigurando certas questões de Barrault. "Louis Rouffe sonhava fazer da pantomima uma peça de teatro em que a mímica substituiria palavra por palavra, a palavra... Infelizmente, ele morreu, em plena vida ativa, e a pantomima morreu com ele."

"COMO SÍSIFO COM SUA PEDRA, PARECE QUE ESTA ARTE NÃO PODERÁ JAMAIS CHEGAR A SER FEITA, POIS SEMPRE FRACASSA NO MOMENTO DE CHEGAR AO APOGEU SONHADO..." (Hacks). A palavra sopra a última palavra. Sonho nascido de uma execução, de uma extração, de uma dor de dente (de dentro) – que corta a palavra e a recorta sobre sua face mais afiada...

"Eu vou lhes confessar uma coisa", confia Rouffe a Séverin e Virgile, seus alunos e amigos, "que ainda não disse a ninguém, que não direi talvez a nenhuma outra pessoa, e eu vos peço que isso permaneça entre nós... Estou doente, muito doente, sinto que estou no fim da linha, que estou acabado. Agora, neste estado, eu duvido de tudo, de tudo... de minhas forças... de mim... de minha maestria. Sim, eu o sinto... minha vida... minha maestria... tudo, tudo me abandona" (Séverin, *L'Homme Blanc*).

O que se passa em seguida parece, com efeito, retirado do mais esquemático mimodrama. A mulher que amava Rouffe o abandona alguns dias antes de sua morte: "É isso, você vê, eu não me enganei, eu a surpreendi. O que eu sofri, o que eu sofro...". Ele pede agora a seus dois amigos para deixá-lo sozinho: "Eu preciso de repouso, quero ficar tranquilo, para poder atuar em três dias. Eu saberei me controlar. Ainda assim, resistirei ao golpe com o que me resta de força". A impassividade – aquela calma que Deburau conservava – não dá mais motivo para o sofrimento. Ele próprio já foi alcançado, mas, ao contrário do mimo dos Funâmbulos que o perdeu na ridicularização do fora, Rouffe se vê privado em sua interioridade, intimamente, no coração de Pierrô, o Homem branco em quem a confissão não se diz exceto uma única vez, uma vez por todas. Os corpos e os corações se separam... não sem amargura, não sem silêncio.

> *"La crémièr', c'est l'Humanité*
> *Qui n'peut approcher de la Bonté sans qu'cell'-ci,*
> *comm' le lait, n's'aigrisse*
> *Et n'tourne aussitôt en malice."*[2]
> (Jehan Rictus, *Le Revenant*)

A bem-amada de Rouffe, Paula Brébion, havia desempenhado ao lado dele o papel do Cego em uma versão em mimo de *Deux Orphelines*, depois, após sua separação, papéis de oficiais em revistas militares. Em suas memórias, Séverin lhe dirige um pedido estranho e desesperado: "A senhora sabia através do doutor que era apenas uma questão de alguns dias, de algumas horas talvez... A senhora não poderia mentir mais algumas horas? Por que, senhora artista, a senhora não fechou os olhos do Homem branco sobre a miragem de amor que ele via nos seus (olhos)?". Paula tornou-se amiga de Félicia Mallet, que fez sucesso com *Barbe-Bluette*, de Raoul de Najac... Mas é uma outra cena que se revela aí, uma outra encarnação, uma outra inflexão. O *Balcon* de Manet exprime, talvez, a norma – a miragem desaparece, ausenta-se para deixar transparecer a limpidez de uma espera que não se inclina mais.

---

[2] O leiteiro é a Humanidade / Que pode se aproximar da Bondade sem que esta, / como o leite, se azede / E não se transforme de imediato em malícia.

A jovem mulher em segundo plano, com rosto oval, quase apagada, condensa esta última inclinação. Berthe Morisot, ela própria uma artista, é "*a indiferença suprema*, aquela que sem esforço é penetrante", como escreve Bataille.

"Nesse olhar branco e perdido que, sem dizer uma palavra, ela revela os jogos da luz."

(Bataille, *Manet*)

O tema e o sentido não interessam mais: a morte de um mimo, uma cena de teatro ou de rua, o essencial não parece mais fazer a sombra de uma partilha, só a indiferença se dá como o único contraste. A esterilidade de um império encontra aí a fulguração muda, penetrante, lúcida, de um olhar feminino. Estranhamente, Pierrô, o Homem branco, cuja insipidez se dá a ver em superfície, desaparece no mesmo momento em que o homem do século XIX se experimenta como uma injúria desprovida de sentido. A indiferença não pode mentir; ela permanece de olhos abertos – e não tem mais o poder de fechá-los: verdade desse fim de século. Simplesmente, Paula não assistirá a Rouffe morrer sozinho em um apartamento próximo do palácio de Cristal, em Nice.

Et voici baissés ses longs cils
Et voici ses paupières closes...[3]

Pierrô dorme, Pierrô morre: a brancura se introduziu em seu sono. *Sommeil Blanc*, título de um dramazinho jocoso de Wague e Xavier Privas, em que Pierrô, tirando proveito do sono de Colombina, que sonha com Arlequim, hipnotiza-a para melhor

---

[3] E eis baixos seus longos cílios / E eis suas pálpebras fechadas.

possuí-la. Desejo branco que ela apagará com um tapa, deixando Pierrô desamparado, de mãos vazias. Ele terminará por se embebedar a fim de sujar e de caçar a imagem de uma Colombina, tornando-a feia. Mecanismo que fará jogar Séverin em direção a Paula: olhem, agora. A senhora é provavelmente feia, talvez ridícula... Em todo caso, é assim que a senhora vê os olhos de Pierrôs, enquanto o Homem branco lhe aparece em sua glória, morte na beleza. Reencontrar os sotaques do velho Corneille não basta para mascarar a secura misógina de Pierrô. A substância não é miscível. O branco de sua pele definha sob a carícia tanto quanto sob a infidelidade – e é certamente por essa razão que ele não cessará de recolocá-los em cena até a extinção de seu eretismo.

De fato, a desaparição de Deburau coloca o mimo em luto de tal modo que o trabalho dos mimos futuros girará em torno de um ponto de perpetração do luto incansável: matador sem matar (o que já está morto), roubar sem roubar (o que já foi roubado). Rodopio estático sob o olhar de um olho vazio... rotação encurvada e livre. Raoul de Najac, o criador do Círculo Funambulesco, o formulará em uma de suas pantomimas, *Pierrot Décoré*: "Sabe-se, o que se procura não se encontra neste lugar; apesar disso, prossegue-se, porque a inconsequência preside frequentemente nossos atos" (*Souvenirs d'un Mime*). A inconsequência como princípio? Tudo isso traz tão poucas consequências?

O mimo investiga, esquadrinha, tendo sempre medo de sujar as mãos, de manchar a brancura de seu ato. Mais vale sujar a imagem do outro. Homem branco, perfeitamente homem no que ele suporta esta angústia do ferimento, de um rasgo não rasgável. Ele se evapora sob o efeito ou à vista de uma ferida. Se há um crime, é de um crime sem visto e sem nome que se deve tratar. Sem imagem também. Mágico nesse sentido, caso a magia consista em subutilizar a imagem, em esconder as condições de aparição do ato. O Homem branco não subsiste senão para tudo *esconder*. Prática mágica, prática desoladora, profundamente monótona. A polissemia de brancos se abre em leque para melhor abanar as lias vazias — vão de escada sem patamar — no interior da qual eles rodopiam imóveis, sem mexer um dedo, tal como os *Mimes* de André Masson, em cambalhotas caindo esparramados, reenviados do centro à periferia, mais leves, mais leves que uma pluma, mais imateriais que Pluma... A intriga, sempre a mesma, em que Deburau se inscrevia em falso, se desenvolverá inteira ao longo do século XIX seguindo os motivos cada vez mais esquemáticos e repetitivos. A infidelidade do tema é aí construtiva. Tema que não se vê e que sofre as variações secundárias ou circulares. Não se vê porque se acredita ver temas no lugar em que o não tema, aquilo que não pode se tornar tema, aquilo mesmo que não tem sentido, se destaca sem cessar, isto é, desaparece (Derrida, *La Double Séance*). Por um lado, não se vê mais do que o *mesmo* da intriga; por outro lado, o mimo tende a se fundir com sua desaparição. O segundo traço é Séverin, Pierrô da França como ele próprio se intitulava, que o conduzirá a termo. Ele sonhava Pierrô com um véu. Em *Mains et Masques*, Pierrô vestido de preto se confunde com uma desaparição obscura. Só suas mãos e sua figura se destacam sobre esse fundo. Pierrô aí assiste a um *tête-à-tête* entre a infiel Colombina e Arlequim. Ele se interpõe entre ambos como a imagem do remorso (Rémy, *Histoire des Spectacles*, la Pléiade). Remorso que ignoram os dois protagonistas cuja inconstância é por natureza estranha ao duplo jogo. Nesse remorso, é a morte de Pierrô que se vê reduplicada e que tenta se mirar na negligência amorosa dos amantes. Ele consegue apenas se rememorar, apenas se curvar. Ser em excesso, Pierrô não tem mais como recurso senão puxar a cortina sobre si, seja para, ao fechá-la, experimentar o fechamento, seja para cair com ela e parar de infringir as ordens supremas. O primeiro traço se verá ilustrado pelo que é convencionado chamar o Círculo Funambulesco, criado por Raoul de Najac, auxiliado por Félix e Eugène Larcher e Paul Margueritte em 1887. "Eu ergui um templo destinado ao culto da pantomima: uma Academia Funambulesca. Meu monumento jamais tomará uma forma palpável? A ressurreição súbita da pantomima em vários salões parisienses me dá o que pensar" (Raoul de Najac). Ressurreição de salão, perfeitamente esquemática – exangue mesmo. Reduzida, segundo os próprios dizeres de Najac, a três únicos bem-sucedidos: *Barbe-Bluette*, *L'Enfant Prodigue* e *La Statue du Commandeur*. A atividade do Círculo se resume a alguns impasses e gafes.

"Por que uma pantomima não pode se abster de Pierrô?", vê-se constrangido a perguntar Najac, em resposta a uma crítica de Francisque de Sarcey, afirmando que ao Círculo faltava um verdadeiro Pierrô. A questão permanece. Duplo impasse. Jules Lemaftre escreve sobre Pierrô, o qual sustenta a cena "como ladrão – como ele é branco de nascimento – [...] fora da lei e, por consequência, fora do pecado". Nada como ser fora da lei para presidir todas as leis de um gênero. Impunidade que permite insinuar-se ao mundo mais regularmente desconfortável, segundo as vias colaterais, e apagá-las sobre sua passagem. "Assim Pierrô joga os dados com Arlequim. Esses são sugados. Pierrô embolsa todas as apostas com um movimento regular, cuja repetição torna-se bastante prazerosa" (Raoul de Najac). Uma das apostas é a filha do comissário que suspira por Arlequim. Pierrô ganha a jovem. Mas o furto, quando é lançado, conhece voos vertiginosos: Pierrô roubará o relógio de seu futuro sogro, roubará e subutilizará o colar de pérolas assim como o medalhão de sua noiva... além disso, uma vez pinçado e apreendido, o sabre do gendarme encarregado de proceder à sua prisão... Todavia, uma cena, de cujo efeito Najac contava muito, passa despercebida. Aquela em que Pierrô, sem ter mais ninguém para roubar, termina roubando a si próprio. Cena que não parecia de aposta e, em consequência, inassimilável.

Roubo de si próprio, o mais puro acordo (corpo a corpo). O Círculo – com ele, visa-se ao quase nada, visto com dificuldade, o próprio forno. Violência de um roubo que se mascara. Não acontece nada se ele não rouba senão a si próprio insolúvel. A dissolução – produzida por uma longa preparação – se eterniza: "Um turbilhão de razões ingênuas e novas emana..." e soçobra, para sempre inenarrável, "para sempre" a inédita reaparição.

Roubando seu gesto. Talvez seja a esse ponto que Séverin e o Círculo consumam o luto de Pierrô? Visto que seus paralelos verrumam sob a pressão de uma broca. Cena esburacada, em que alguma coisa aponta com insistência que o gesto não consegue apreender, nem mesmo mimar: o vício que faz com que o mimo não imite nada. Alguma coisa que a touca comprime, que não se deixa tomar em mãos e se ordena a partir de um corpo reabsorvido. "Se cair de um arranha-céu, o movimento é espetacular", diz Decroux, "mas parar no caminho seria ainda mais". Eis o verdadeiro acidente, a desistência em queda livre, que a destreza de um mimo teria operado, que ele teria deixado em sofrimento e que retorna indigesto sobre o rígido Séverin ou sobre o muito lábil

Najac, mimos que não sabiam mais parar durante o caminho – e que se reencontram, assim, desencaminhados.

A falta de *savoir-faire* (saber e fazer com a falta)... Não dotados da energia própria daqueles que experimentaram o começo na errância, para eles, Séverin, Najac, o encontro está marcado. O trauma – a noite será preta e branca – entrecruza suas linhas de esclerose. Pierrô nem preto nem branco, mas preto e branco desde a origem, já copulados, já (para) ele próprio roubado e o sabendo (ele que é apenas um sachê de pó). O que os sucessores de Deburau não sabem mais. A experiência do branco pode ser pensada como trauma? Nisso que ela intima...? Nisso que ela rompe o curso natural das coisas? Pierrô está constantemente violando seu banimento – ao mesmo tempo o que se proclama e se vê exilado, e, portanto, sempre a se localizar lá onde ele não se encontra... Nem no povo, nem nos salões. E em um e nos outros. Contranatureza, por essência, se a natureza é uma essência. Melville diz acertadamente da brancura que "a noção a mais íntima que ela esconde é de uma natureza impalpável que atinge o espírito com um terror maior que a púrpura do sangue" (*Moby Dick*). Noção que Pierrô contrasta, ele próprio, mais pálido que o urso polar ou o ventre do tubarão, para não ter mais sua força animal, sua perfeita inconsciência; para ter falta daquilo de que eles não dispõem: a apreensão do "entre percepção e consciência" (Lacan).

"Como o sonho, portador do desejo do sujeito, poderia produzir isso que faz ressurgir em repetição o trauma – senão sua própria figura, ao menos a tela que nos indica ainda atrás?", questiona Lacan (*Le Séminaire*). Deburau faz provocações à tela, a entalha com um destaque, faz fluir um tempo, sente-a reduplicar diante de si fora de si, amarra bem e o sangue não corre mais, solta-se de um gesto (o ato mais eminentemente fraco a que se poderia visar) – mas ele sabe que a distância que o separa diminui e que o reencontro final é o barulho surdo imperceptível que a morte provoca quando ela joga o corpo (último lance de dados) na luz primitiva e privativa. Séverin, atrás de sua cortina, quase compulsivamente, encontrava a morte atrás de Deburau, as costas viradas para a luz. Ele evoca em suas *Mémoires* uma visão que o atravessa, mas diante da qual ele não para. "Eu via o mar azul povoado de mimos e as ondas brancas eram pierrôs." Ora, essa visão ecoa estranhamente quando é colocada em relação com a seguinte passagem de Melville: "Retirem um marinheiro de sua rede para lhe mostrar o navio deslizando à meia-noite sobre um mar de uma brancura de leite, como se os promontórios que o envolviam, os ursos brancos tivessem desfraldado para nadar em torno dele, então ele ficará apavorado por um terror supersticioso... em vão a sonda lhe assegurará que ele está fundo o suficiente... o coração é dissimulado, e o marinheiro não tem descanso senão quando, sob seus olhos, o Oceano fica azul novamente" (op. cit.). O espaço ressoa sob o mimo, em torno, torna-se denso ou resplandece, mas sobretudo ele se estende como um espaço de sonho, sonho vindo para a frente da cena – não o sonhado por um fantasma, mas o meio, tomando lugar, único fundamento de poder para além do sonho – que nenhuma distância poderá jamais avaliar nem mensurar senão por afastamento: pelo despertar que vem desenhar os contornos de uma realidade perdida.

O espaço ecoa, mas é preciso aproximar-se para entender. O rumor, geralmente, opacifica a exterioridade do ator. Séverin relata que, pouco tempo depois da morte de Rouffe, "veio uma avalanche de infelicidades que se abateram sobre os mimos e a pantomima". Licou, companheiro de Séverin, morre de turberculose aos 26 anos. E um rumor se espalha segundo o qual o pó branco que os mimos aspiram para fazer a máscara seria a causa da morte prematura de todos os mimos "que tinham o *emploi* de Pierrô". Charles Deburau morre próximo dos 40 anos. Rouffe com 36 anos. Mesmo Gaspard, com a idade de um pouco mais de 50 anos. Essa palavra de rumor que se espalha jamais mata, jamais se esconde, palavra incessante de que nenhum ato está isento. Rumor suspenso até a brancura. Séverin relata então (em seguida a essa enumeração) a história do mimo Barbarini atingido pela "loucura das grandezas".

"Uma tarde, depois de uma representação, ele me diz:
– Eu desço do trem. Chego de Berlim. Quis ver Guillaume. Um granadeiro de Poméranie que montava guarda na porta do palácio, cruzava de início a baioneta; mas, me reconhecendo, ele grita: 'Pietro Barbarini, rei dos Mimos: pode passar, Majestade'. Seguia-se uma estranha e longa história, em que estava em causa Bismarck velando na cabeceira da cama o imperador, que havia batido as botas, que ressuscitava ao sopro do rei dos mimos, que morria uma segunda vez..."

Ao término de algum tempo, Barbarini ficou doente em uma casa de saúde, depois, após o tratamento, relaxou. Ele assiste agora às matinês do palácio de Cristal em que Séverin obtém para ele uma nova contratação. Ele faz sua reentrada com *Barbara Ubrick ou Les Mystères d'un Couvent*, melodrama bem sombrio em que Barbarini desempenha o papel de um jesuíta que sequestrou uma jovem mulher em um calabouço, a fim de seduzi-la. Pierroski (a ação se passa na Cracóvia) termina por tomar o lugar dela, e o jesuíta, descobrindo a trapaça, tenta assassinar Pierroski com uma punhalada.

"No lugar do punhal inofensivo... Eu vi Barbarini tirar de seu redingote uma enorme faca de açougueiro, descer para a boca de cena e mimar claramente que ele iria me cortar a garganta. Ele retorna em minha direção, lentamente, com passos felinos... Ele não mimava mais, ele falava, em italiano, entre os dentes, com uma voz sibilante... e o que eu entendia significava algo quase como: 'Tu me fizeste sofrer bastante, eu te peguei, eu vou te degolar...'. Creio que Deus teve piedade de nós ao me ditar palavras que eu murmurava em voz baixa: 'Tu te enganas. Não é isso. Não é isso. Vão te vaiar'. Palavras mágicas e terríveis. O pobre ator joga sua faca, estoura em soluços e geme ainda: 'Não sei mais, não sei mais. Mas o que é preciso que eu faça?'."

Degolar o silêncio

Significação do redingote sob a qual se ergue a aposição do corpo à linguagem. Que uma dentição impecável desenha em corte. De uma palavra em sofrimento, o pobre ator desprende a mordaça (de um sopro descruza a baioneta), não sem ter de antemão descrito o ritual de uma semelhante decomposição: descer à boca de cena, colocar-se na beira do fosso, mimar em abismo, virar as costas para a cena do sonho e a entreabrir de uma vez por todas ferindo-a, matando-a, denunciando-a no que ela supunha de potência de conjuração. O lento retorno ao longo da cena geralmente afásica e afônica sinaliza o desejo frustrado de afirmar mais uma vez que resta um sofrimento não dito – que o mimo não é o único a desenvolver o exercício de uma afasia nativa, que em todos os sentidos o drama é sufocante – e fulgurante.

"O drama não é insolúvel senão porque inabordável; não se tem ideia, apenas no estado de uma centelha, porque ele é resolvido imediatamente, o tempo de mostrar a derrota, que se desenrola fulgurantemente" (Mallarmé, *Igitur*).

Sofrimento (drama) de um mimo, de ser inabordável. Muito silêncio. Nada a dizer, nada a fazer, sobre ambas as proposições, o mimo e o sujeito falante sofrem a partilha. Desigual. Igual nesta desigualdade. Não é isso. Não é isso jamais. A linguagem mima seu retorno, desertando o rosto e depois as mãos (que podem apenas agarrar o objeto vazio que elas mantêm suspenso – centelha, lâmina do drama) em um corpo enfraquecido. O mimo é muito solitário. Necessidade do duelo, do último diálogo infinito – mesmo se é preciso para isso imolar uma vítima. Passagem puramente dramática entre os dois: "Pierrô é um. O artista que o concebeu o quer assim. Ele não lhe deu nem pai, nem mãe, nem filho, nem irmão, nem irmã" (Séverin). Advindo de um lugar órfão, lunar, unificado até a deserção, como Pierrô não desvelaria sobre seus passos um espaço de absoluto sofrimento? Um abismo de palavras em sofrimento atormentadas pela ideia de uma "outra localidade", agráfica, que seria preciso de uma maneira ou de outra agregar à realidade.

Barbarini remonta ao impossível. Ele tenta erguê-lo até a cena – sob os olhos descerrados de Pierroski. Piedade de Deus sobre esse olhar, mais uma vez deslocado, desabrigado de sua impassibilidade. – Tu te enganas... – Mimésis arrisca repentinamente obstruir a passagem. Tudo corre o risco de se desfazer. Abanar essa violência, fazer apelo ao vento, ao enigma do sibilo para não morrer "de uma morte heroica", a esse sibilo que sacode e desperta Fancioulle do seu sonho – e o mata.

"Não sei mais, não sei mais. Mas o que é preciso que eu faça?" Desaparecer, talvez, irreversivelmente, como Séverin, atrás de sua cortina no fundo preto?

O levita José de Cupertino, que passa metade da vida nos ares, o irmão José, que parecia deslizar sem colocar os pés no chão, avançando sem pisar, sem pesar, sem pegadas de suas sandálias na poeira do caminho, e que se elevava miraculosamente a cerca de seis metros de altura, tinha o costume de dizer anos e anos mais tarde: "A obediência é a faca que degola a vontade do homem...". Obedeço: "... A essa única palavra, Deus puxa a cortina" (Blaise Cendrars, *Pour Saint Joseph de Cupertino*).

Pierrô obedece. A cortina é puxada. Deus se fecha: isso não acontecerá mais. No último mimodrama em que se produz Séverin, *Marotte d'Artiste*, Pierrô vê reviver seu passado. Mas qual passado? De qual passado se trata quando está silenciosamente colocada em causa alguma coisa que jamais aconteceu? Laforgue, em sua *Complainte des Noces de Pierrot*, ergue o véu como se ergue um lábio e seu beiço: "Isis, erga o estore". Ele não revelaria provavelmente senão um dia velado, senão uma luz doente, *passada*, sépia talvez. Mas também se elevaria o princípio de uma última metamorfose perturbando a ideia fixa, destituindo-a de seus poderes, onde, passando a moda, ele cairia em mãos da grande modista. Pierrô Marionete! O esquema mantém apenas um fio e para seu forro (no deslizamento surdo da touca comprimindo um corpo de som) – aquele em que se introduz a mão para mover a marionete, aquele em que se aperta a cintura para que ao menos, uma vez no tempo, o fluxo dê a sensação da forma desejada. Falta de ar, estufamento – quase sem um grito um corpo novo sai da brancura de areia, asfixiante, para se jogar a sorte e gozar prazeres e dias. Seu grão – guinchando, cristalino, filtrando todas as dores – escorre por entre os dedos e não transforma mais nenhum rosto em granizo. Corpo que faz caso do liso. É Caroline Otéro em *Sablier*; é Polaire, uma das duas "gêmeas" de Willy com Colette, do tamanho de uma vespa que, "positivamente", assustava Antoine e da qual Jean Lorrain traça um retrato em *La Ville Empoisonnée*:

"O pequeno pedaço de mulher que o senhor conhece, uma cintura dolorosa de magreza, magra de chorar, magra de partir--se, em um corpete estreito até o espasmo, a mais encantadora magreza: e, na auréola de um chapéu extravagante de *gommeux*,[1] um pequeno chapéu empenachado de folhas de íris, a grande boca voraz, os imensos olhos negros, com olheiras, mortificados, azulados, a incandescência das pupilas, a desvairada cabeleira da noite, o fósforo, o enxofre e o pó vermelho dessa face de boca e de Salomé que é a agitadora e agitada Polaire. Mas isso não é nada. Qual maldito mímico, qual moinho de café e qual dança do ventre: alta, vestida de amarelo, com meias furadas, Polaire se sacode, se balança, se agita vivamente, move as ancas, o dorso e o abdome, mima todas as sacudidas, se contorce, se empina, se arqueia, retorce o... fazendo os olhos ficarem brancos, mia, desfalece e... desaparece... sob qual música e sob quais palavras. A sala, congelada de estupor, esquece-se de aplaudir." O tempo-ampulheta, o corpo-ampulheta? A beleza, não é isso que tem apenas um tempo? Se levanto a cortina diante do espelho e mostro, por esta forma-areia (a fluidez que se colapsa), essa fatalidade da degradação do tempo, eu me retiro da cena e tiro proveito a distância, recusando por algum tempo meu próprio apodrecimento. Há alguma coisa de atroz e de cínico nessa metáfora encarnada, uma espécie de extremo no desejo de gozar de uma imagem que se colapsa sob nossos olhos. Raramente um desejo masculino terá ido tão longe na sufocação. Isadora quebrava esse movimento de estrangulamento, mas outras mulheres se matavam, ao provar da infelicidade. Dolorosa vinda ao mundo. Séverin lembrava a dureza dos olhos de Félicia Mallet em

---

[1] Personagem excêntrico, cujas roupas excessivas davam-lhe ar pretensioso e o tornavam ridículo. (N.T.)

Barbe-Bleuette através dos quais "mesmo nos momentos em que ela devia simular a doçura, via-se transpassar a crueldade e, precisa ele, era perfeitamente justo". Justo, de uma justiça interior, desnudando o gelo do desejo de um homem neste fim de século. No momento em que o corpo daquele se esfarela, ele enche o corpo feminino de areia e o põe a nu. *La Chaîne*, pantomima de Wague e Léon Lambert, um autor de roteiros e de peças encenadas no Grand Guignol, "queria oferecer um espetáculo verdadeiramente de arte, afirmando sem falsa modéstia o triunfo do corpo feminino, o poema orgulhoso da carne pela qual os homens se fazem afetuosos, suplicam e morrem..." (Rémy, *Georges Wague, Le Mime de la Belle Époque*). Colette, Christine Kerf, Blanche Cavelli, Christiane Mendelys e outras se veem colocadas em cena por homens: Wague, Willy, etc., sob a fome do tempo. "Em contrapartida, o Tempo podia aparecer como traficante da morte, encarregado de lhe procurar as vítimas, ou em demônio com dentes de ferro, em pé, em meio às ruínas..." (Panofsky, "Le Vieillard Temps", *Essais d'Iconologie*). Esse tema saturniano do tempo que devora e que desvela a gulodice de um homem como Willy – o qual mastigava ruidosa e cruelmente as menores esquisitices de sua época (e de seu meio), e desvelava as mulheres de quem ele era o amante, o mentor e explorador – esta glutonaria é pantomímica ao excesso (da pantomima). O escândalo é aí atribuído, como o tempo do qual ninguém renuncia. Se o Tempo (Saturno) desvela a Verdade, e a iconografia é imperdoável quanto ao desvelado, Willy, que foi, de qualquer modo, o comparsa de Wague (junto de quem Barrault toma conselho para montar as pantomimas de *Enfants du Paradis*), apoia-lhe o aval grosseira e vulgarmente, mas *desvairadamente*. Ser tudo e estar por todo lugar, mentir, enganar, abusar, cometer erros, escrever sem escrever, por *ghost-writers* interpostos (em uma divisão do trabalho perfeitamente estanque), estender seus poderes a tudo que *urge*, não se dá senão como eco ou fofoca do urgente, isto é, em fim de trajetória, expor-se a isso que o tempo vem a perder repentinamente como sob o efeito de uma depreciação.

Agarrar-se ao vazio de uma tal queda de tempo, buscar a mancha, a anedota infame, o vício ou o defeito para se colocar sob a fome, não é ainda tentar não soçobrar nesse esburacado, manter a cena com o pretexto de uma sempre última revelação, perturbadora... afirmar que se pode ainda mimar sob a nudez, e isso, minando-a? A nudez de um corpo e o mimo? A íntima abstração de uma perturbação. O que se tornaria então a verdade de um gesto?

"A Verdade não entra em cena antes que a vítima tenha sido conduzida ao suplício... O socorro dado ao inocente chega muito tarde..." (Panofsky). A situação, a intriga são conduzidas e distinguidas antes do seu desenrolar. A fraude, como a alegoria, é dotada de duas cabeças, uma jovem e outra velha; ela tem dois corações na mão direita e uma máscara na esquerda; ela tem uma calda de dragão e no lugar de pés humanos, patas de grifo, tal como se vê representada em *La Luxure, Dévoilée, par le Temps*, de Bronzino. Séverin não abraça mais nada – vazio sob a máscara. Willy abraça duas mulheres. Ele as segura pela cintura, perto de si – abraçando entre dois polos. Ele sente o tempo escorregar entre seus dedos. Dedos de fraudador, mãos da máscara vazia.

Chega a guerra de 1914 e o que ela revelará:

"[Os homens] eram os elementos de um universo de violência e separados de tudo, em sua violência, do amor, do trabalho, das mulheres, das crianças... Eles já haviam adivinhado em seu corpo a existência de um segredo, cada dia eles se tornavam cada vez mais escravos, eles já compreendiam que eles relatariam o conhecimento completo, que esse segredo seria sua carne e seu sangue, mas que eles não poderiam difundi-lo, como não se difunde nada de sua carne e de seu sangue...

[Era] um segredo da mesma cidade, um segredo vizinho, um segredo ancestral, que não tem verdade" (Parain, *Essai sur la Misère Humaine*).

Alistado voluntariamente, Séverin retorna do *front* declarando: "Eu me sinto mais homem desde que fui um varão; agora posso dizer: 'Eu o fui'". O mal-entendido não foi portanto desfeito – ecoando de modo ultrajante em um silêncio geral. A desigualdade, sempre.

Decroux e Barrault poderiam recomeçar tudo do zero, a partir do mais estranho "salto no mesmo lugar": a caminhada no mesmo lugar, devoradora dos espaços mas plácida como uma alga. Decroux iria pesar, regraduar e reconstruir a escala, sabendo que não há paixão que não seja a lenta edificação dos graus do tempo. Barrault iria extrair-lhes um plano de voo e de sonhos encarnados. Os dois, à sua maneira, foram responsáveis por *Paroles sur le Mime*...

Paris, Rua Saint-Gilles, 1978.

Dados Internacionais de Catalogação na Publicação (CIP)
(Câmara Brasileira do Livro, SP, Brasil)

Dobbels, Daniel
  O silêncio dos mimos brancos: os mimos e a história (a arte dos mimos na história dos mimos): precedido por Um certo vazio no espaço marcará o lugar do ausente / Daniel Dobbels; tradução de Adriano Carvalho Araújo e Sousa. – São Paulo: É Realizações, 2013.

  Título original: Le silence des mimes blancs: les mimes et l'histoire: l'art des mimes dans l'histoire des mimes.
  ISBN 978-85-8033-155-4

  1. Mímica - História 2. Mímicas - História I. Título.

13-12891   CDD-792.3

Índices para catálogo sistemático:
  1. Mímica : História : Teatro   792.3

Este livro foi impresso pela Gráfica Vida & Consciência para É Realizações, em julho de 2014. Os tipos usados são da família Sabon LT Std e Helvética Neue. O papel do miolo é off white norbrite 66g, e o da capa, cartão supremo 250g.